Das Glück findet dich dann, wenn du es nicht suchst

Khenpo Sodargye

Das Glück findet dich dann, wenn du es nicht suchst

Buddhistische Weisheitsgeschichten und Inspirationen für die kleinen und großen Stürme des Alltags

Aus dem Englischen übersetzt von Karin Weingart

Lotos

Die Originalausgabe erschien 2017 unter dem Titel *Tales for Transforming Adversity: A Buddhist Lama's Advice for Life's Ups and Downs* bei Wisdom Publications, USA.

MIX
Papier aus verantwortungsvollen Quellen
FSC® C014889
FSC www.fsc.org

Verlagsgruppe Random House FSC® N001967

Erste Auflage 2018

Redaktion: Sabine Zürn
Umschlaggestaltung: Guter Punkt, München
unter Verwendung eines Motivs von © hpkalyani/istock
Satz: Satzwerk Huber, Germering
Druck und Bindung: Pustet, Regensburg
ISBN 978-3-7787-8281-1

www.Integral-Lotos-Ansata.de
www.facebook.com/Integral.Lotos.Ansata

Inhalt

Vorwort

Wie oft wohl sind wir mit unserem Leben zufrieden? Früher sagte man: Würden wir es in zehn gleiche Teile zergliedern, wären wir höchstens in einem oder zwei davon glücklich. Auch der Buddha erinnert uns wiederholt daran, dass das Leben von Leiden durchzogen wird. Und selbst wenn wir das Leiden der Geburt, von Alter, Krankheit und Tod mal außen vor lassen – auch die anderen Erscheinungsformen des Leidens sind nicht zu vermeiden, etwa die Trennung von geliebten Menschen, Feindschaften oder, allgemeiner ausgedrückt, dass die Dinge nicht so laufen, wie wir es uns wünschen.

Nun könnte man natürlich sagen: »Es ist doch aber ganz offensichtlich, dass es im Leben auch viel Erfreuliches gibt. Warum also konzentriert sich der Buddha so auf das Leiden?« Dass sich der Buddhismus mit dem Leiden beschäftigt, stimmt natürlich. Das heißt aber nicht, dass er das Glück leugnen würde. Nur hat dieses Glück leider den Haken, dass es so zerbrechlich und flüchtig ist. Sicher, eine gewisse Tönung verleiht das Glück dem Leben schon, doch seine Hauptfarbe ist eine andere. Die einzige Sicherheit im Leben besteht darin, dass sich ständig alles verändert: Die Mächtigen können ins Gefängnis kommen, enge Freunde können zu Feinden werden, glückliche Familien können zerbrechen und selbst Menschen, die uralt werden, müssen irgendwann doch sterben.

Ja, auch optimale Lebensumstände unterliegen dem Wandel, und Veränderungen erzeugen nun einmal Leiden. Das ist gemeint, wenn wir sagen, dass das Leben voller Leiden ist. Wenn Sie allerdings darauf bestehen, dass das Leben eine einzige Vergnügungsfahrt sei, wenn Sie blind sind für die Realität und Leiden mit Glück verwechseln, werden Sie nie *wirklich* frei von Leiden. Der erste Schritt auf dem Weg zu wahrhaftigem, dauerhaftem Glück besteht darin, der Wahrheit ins Auge zu sehen und das Leiden zur Kenntnis zu nehmen. Auch der Buddha konnte ja erst zur Erleuchtung gelangen, nachdem er das Leiden des Alterns, des Krankseins und des Sterbens wahrgenommen hatte. Versuchen Sie deshalb gar nicht erst, dem Leiden zu entkommen, und haben Sie keine Angst davor.

Manche Leute sind nur auf Bequemlichkeit aus und nicht bereit, sich dem Leiden zu stellen, das ihnen bevorsteht. Was schlicht und ergreifend wirklichkeitsfremd ist. Das Leben besteht nun einmal auch aus Gewitterstürmen und holprigen Wegen. Und davon mal ganz abgesehen: Ohne Wind, Frost, Schnee und Regen würde im Frühling nichts blühen und gäbe es im Herbst kein Obst. Viele meinen auch, Altruismus – ein Bemühen um das Glück der anderen – bringe nichts. Dabei ist es genau umgekehrt: Etwas Lohnenderes gibt es kaum. Sie denken, das Akzeptieren der Vergänglichkeit würde sie ihrer Energie, ihrer Ziele berauben. Dabei übersehen sie aber völlig, dass gerade Wandel und Veränderungen das Leben so spannend machen. Doch sie verbringen ihre Zeit offenbar lieber mit Sorgen. Machen sich Gedanken um ihren Besitz und ihren guten Ruf. Was leider alles nicht dazu geeignet ist, ihnen einen friedlichen Tod zu garantieren, von einem glücklichen künftigen Leben ganz zu schweigen. Stattdessen müssen wir lernen, unseren Geist zu beherrschen. Denn egal, wie kompliziert die Situation ist, in der wir uns befinden, oder wie unerträglich sich uns das Dasein insgesamt präsentieren mag: Das beste Rezept für ein gutes Leben besteht darin, das zu praktizieren, was der Buddha einst lehrte.

Als ich dieses Buch schrieb, hatte ich als Leser im Wesentlichen die Menschen des Han-Volkes in China vor Augen, deren Leben und Leiden ich gut kannte und verstand. Doch zu meiner Überraschung wurde es nicht nur dort gut aufgenommen, sondern auch weit darüber hinaus. Denn wie sich herausstellte, fanden offenbar viele Menschen in den alten und modernen Geschichten aus dem Westen und aus Asien, die ich erzähle, Ansätze, um ihren Geist zu zähmen. Und mehr noch: Da gerade einfache Geschichten einen tiefen Eindruck hinterlassen können, erinnert man sich in schwierigen Zeiten an sie. Und so konnten die Leserinnen und Leser viele Botschaften aus diesem Buch in ihrem Alltag umsetzen.

Die Ängste und Fragen, um die es auf den folgenden Seiten geht, stellen weder chinesische noch tibetische, sondern allgemein menschliche Probleme dar, die sich uns allen stellen, egal, welche Hautfarbe oder Muttersprache wir haben oder wo wir zu Hause sind. Nun freue ich mich sehr, dass dank der Anstrengungen vieler Beteiligter jetzt endlich auch eine deutsche Version des Buches vorliegt. Möge auch sie in diesen turbulenten Zeiten einer großen Leserschaft zu Leichtigkeit und Glück verhelfen.

Khenpo Sodargye
Buddhistisches Lehrinstitut Larung, 2017

1. Wie können wir leben, ohne zu leiden?

Ein träges, gänzlich schmerzloses
Leben ähnelt einem leeren Schiff,
das schon beim ersten Sturm kentert

Stärken und Schwächen

Jeder hat seine Stärken und Schwächen. Selbst die Größten unter uns sind nicht vollkommen, und auch die weniger Begabten haben ihre Vorzüge. Die eigenen Unzulänglichkeiten mit der vermeintlichen Fehlerlosigkeit anderer vergleichen zu wollen bringt gar nichts. Denn bestimmt halten die anderen wiederum uns in bestimmter Hinsicht für überlegen. Im Kapitel über die »Herbstfluten« in *Das wahre Buch vom südlichen Blütenland* schreibt der daoistische Philosoph Zhuangzi:

»Der einbeinige Yak wünschte, er wäre ein Tausendfüßler, weil der Tausendfüßler laufen kann.
Der Tausendfüßler wünschte, er wäre eine Schlange, weil die Schlange rasend schnell dahingleitet.
Die Schlange wünschte, sie wäre der Wind, weil der Wind noch flinker ist als sie.
Der Wind wünschte, er wäre so hurtig wie das Sehvermögen. Das Sehvermögen hingegen wünschte, es wäre der Geist, weil dessen Geschwindigkeit sogar die des Blitzes noch in den Schatten stellt.«

Dem Schrifttum des Buddhismus zufolge ist der Geist das Schnellste überhaupt. Das bedeutet: Im Vergleich mit anderen sollten wir den Mund nie zu voll nehmen, weil es immer jemanden gibt, der uns in irgendeiner Hinsicht übertrifft; allzu selbstkritisch sollten wir aber auch nicht sein, schließlich haben ja auch die Größten ihre Schwächen. Oder wie man so sagt: »Ein Fuß kann kurz, ein Zoll aber von beträchtlicher Länge sein.«

Die folgende Fabel veranschaulicht das. Es war einmal eine kleine Maus, die sich von ganzem Herzen wünschte, stark und tapfer zu sein. Als sie eines Tages in den Himmel schaute, überwältigt von dessen Weite, glaubte sie, das Stärkste überhaupt zu sehen, das es gab, und rief: »Himmel, du hast bestimmt vor gar nichts Angst. Ich aber bin so winzig, winzig klein. Könntest du mir bitte helfen, stark und tapfer zu werden?«

»Es gibt sehr wohl Dinge, vor denen ich Angst habe«, antwortete der Himmel. »Ich fürchte mich nämlich vor den dunklen Wolken. Denn wenn sie sich über mich legen, kann ich nichts mehr sehen.«

Woraus die Maus folgerte, dass die dunklen Wolken wohl noch stärker sein müssten als der Himmel. Und nachdem sie eine aufgetrieben hatte, sprach sie zu ihr: »Wolke, du kannst den Himmel bedecken und die Sonne verdrängen. Also gibt es nichts Stärkeres als dich auf der Welt. Du hast bestimmt vor gar nichts Angst. Ich aber bin so winzig, winzig klein. Könntest du mir bitte helfen, stark und tapfer zu werden?«

Die dunkle Wolke entgegnete: »Doch, auch ich habe Angst. Und zwar vor starkem Wind. Denn ich gebe mir immer große Mühe, den Himmel zu bedecken, doch wenn der Wind aufkommt, bläst er mich einfach davon.«

Also wandte sich die Maus an den Wind, um ihm dieselbe Frage zu stellen. Seine Antwort: »Ich habe Angst vor Wänden. Die kann ich nämlich nicht durchdringen. Also sind die Wände noch stärker als ich.«

Natürlich wandte sich die Maus umgehend an eine Wand und fragte: »Wand, da du dem Wind Einhalt gebieten kannst, bist du doch bestimmt das Stärkste, das es auf der Welt gibt?«

Die Antwort der Wand verblüffte die Maus. Sie lautete nämlich: »Ganz und gar nicht. Die größte Angst habe ich vor Mäusen. Denn die können Löcher in mich nagen, und wenn es zu viele werden, stürze ich womöglich ein.«

Voller Erstaunen wandte sich das Mäuschen ab. »Da bin ich nun auf der Suche nach dem Stärksten der Welt von einem zum anderen gerannt. Nur um schließlich herauszufinden, dass ich selbst es bin!«

Es ist ein Fehler, auf die Stärken der anderen zu starren und sich selbst für minderwertig zu halten. Denn unsere eigenen Begabungen und Fähigkeiten verkennen wir nur allzu oft.

Das Elend folgt auf dem Fuß, wenn wir das Falsche anstreben

Alles ist vergänglich. Nichts bleibt gleich, nicht einmal unser Körper, geschweige denn Wohlstand, gesellschaftlicher Status oder Beziehungen. Und wenn wir sterben, können wir nichts mitnehmen. Das Einzige, was uns im Leben wie im Tod bleibt, ist der Geist.

Vor langer Zeit hatte ein Kaufmann vier Ehefrauen. An seiner vierten Gattin hing er besonders und las ihr jeden Wunsch von den Augen ab. Um das Herz seiner dritten Frau für sich zu gewinnen, hatte er sich sehr anstrengen müssen, also behielt er sie bei sich und fand immer ein nettes Wort für sie. Nummer zwei war seine Vertraute, mit der er sich täglich austauschte. Die erste Gattin war für ihn wie seine Dienstmagd; sie tat, was immer er von ihr verlangte, in seinem Herzen hatte sie jedoch keinen Platz.

Eines Tages bereitete sich der Kaufmann auf eine weite Reise vor und fragte jede seiner Ehefrauen, ob sie ihn begleiten wolle.

Die vierte lehnte rundweg ab.

Die dritte sagte: »Wenn selbst deine Lieblingsfrau nicht mitmöchte, warum sollte ich es dann wollen?«

»Ein Stückchen begleite ich dich, mehr aber nicht«, ließ sich die zweite vernehmen.

Nur die erste Ehefrau sagte: »Wohin auch immer und egal, wie weit: Ich freue mich, mit dir gehen zu können!«

Was das bedeutet? Die vierte und liebste Ehefrau steht für den Körper. Solange wir leben, betrachten wir ihn als das Wichtigste, das wir haben; doch geht es ans Sterben, verlässt er uns. Die dritte Gattin versinnbildlicht unseren Wohlstand. Wie hart wir ihn uns auch erarbeitet haben, zum Zeitpunkt des Todes können wir keinen Cent davon mitnehmen. Die zweite Frau symbolisiert unsere Freunde und Verwandten. Bestenfalls vergießen sie ein paar Tränen, wenn wir sterben, und sehen zu, dass wir bald unter die Erde kommen. Die erste Gattin steht für unseren Geist. Nichts ist uns näher, und doch neigen wir dazu, ihn zu vernachlässigen, weil wir unsere Energien lieber in Äußerlichkeiten investieren.

Deshalb sah sich ein Meister einst zu der folgenden Aussage veranlasst: »Wir haben so viele merkwürdige Ideen: Erst können wir es kaum erwarten, erwachsen zu werden, dann jammern wir unserer verlorenen Jugend nach. Wir schuften uns krank, um Geld zu verdienen, und geben dann alles aus, damit wir wieder gesund werden. Der Tod liegt, scheint's, immer in weiter Ferne, doch ist der Zeitpunkt dann gekommen, war das Leben gefühlt viel zu kurz. Ständig plagen wir uns mit Zukunftsängsten herum und vergessen darüber das Glück des gegenwärtigen Augenblicks.«

Sobald wir begreifen, dass sich alles verändert – etwas entsteht unter bestimmten Voraussetzungen und vergeht, sobald diese wegfallen –, wird uns alles, was wir momentan haben und sind, überaus herrlich erscheinen. Dann sind wir nicht länger um jeden Preis auf Ruhm und irdische Erfolge aus und verzweifeln nicht, wenn wir vom Pech verfolgt werden. Kurz gesagt: Wenn wir uns an den Wandel gewöhnen und ihn akzeptieren, hören wir damit auf, andere für unsere Probleme verantwortlich zu machen, und können anfangen, uns zu entspannen und unseren Geist zu öffnen.

Optimismus und Pessimismus

Kürzlich rief mich einer meiner Laienschüler an und sagte: »Khenpo, da ich mich in letzter Zeit ziemlich lustlos und niedergeschlagen fühle, überlege ich, ob mir nicht vielleicht ein Tapetenwechsel guttun würde.« Das erinnerte mich an die folgende Geschichte.

Ein Mann hatte zwei Söhne, die er Optimist und Pessimist nannte. Obwohl die beiden im selben Umfeld aufwuchsen, waren sie völlig unterschiedliche Persönlichkeiten. Während Optimist immer glücklich war, auch wenn er sich mit Problemen herumschlagen musste, fühlte sich Pessimist selbst dann noch wie am Boden zerstört, wenn für ihn alles glattlief.

Irgendwann bereute es der Vater, seinen Söhnen so lächerliche Namen gegeben zu haben, und beschloss, einen gewissen Ausgleich zwischen den beiden zu schaffen, indem er Optimist einen Misthaufen schenkte und Pessimist einen Haufen Schmuck und Spielzeug. Nach einiger Zeit kehrte der Mann zurück, um zu schauen, wie sich die Dinge entwickelt hatten. Zu seiner Überraschung fand Optimist Gefallen daran, seinen Misthaufen zu erkunden. »Du hast doch gesagt, dass ich hierbleiben soll«, meinte er zum Vater, »also müsste hier eigentlich irgendwo ein Schatz versteckt sein!« Pessimist dagegen hockte traurig inmitten des Schmucks und hatte die Hälfte seines Spielzeugs bereits kaputtgemacht. Als der Vater das sah, wurde ihm klar, dass die Veränderung der Lebensumstände nicht ausreicht, um die Lebenseinstellung zu verbessern.

Alle Erfahrungen, die wir machen, stellen Projektionen unseres Geistes dar. So können je nach individueller Befindlichkeit Welten zwischen den Wahrnehmungen des einen und denen eines anderen liegen. Deshalb sagt man ja auch, dass sich der Pessimist angesichts eines Rosenbusches über die Dornen beschwert, während der Optimist seine Freude an den Blüten hat. Wir können es also zwar mit einem Tapetenwechsel versuchen, viel wichtiger aber wäre es, unsere innere Haltung zu verändern.

Denn es hängt nicht in erster Linie von Äußerlichkeiten ab, ob wir ein glückliches oder ein unglückliches Leben führen. Der amerikanische Essayist Ralph Waldo Emerson schrieb einmal: »Ob das Leben eines Menschen schön ist, liegt an nichts anderem als ihm selbst.« Vieles wird für Sie nicht so laufen, wie Sie es geplant haben. Doch richtig schlimm wird es erst, wenn Sie Ihre Probleme nicht direkt angehen, sondern sie anderen zur Last legen und Ihr Glück von einer Veränderung der äußeren Verhältnisse abhängig machen. Egal in welcher Situation Sie sich befinden und wie frustriert Sie auch sein mögen – statt die Umstände dafür verantwortlich zu machen, sollten Sie lieber Ihren Geist zähmen. Denn das funktioniert besser als alles andere.

Leiden und Glück sind reine Kopfsache

Neulich habe ich mich mit einem sehr guten Freund unterhalten. Es war ein schönes Gespräch, in dem wir über alles Mögliche plauderten, vom Dharma bis hin zum Alltagsleben. Ehe wir es uns versahen, war es Mittag, und man servierte uns Nudeln. Sofort lief mir das Wasser im Mund zusammen, und schon der erste Bissen war einfach köstlich. Nie zuvor war mir so klar gewesen, wie schmackhaft ein Essen im Beisein eines guten Freundes sein kann. Wirklich unglaublich – die Macht des Geistes.

Ich erinnere mich daran, wie mich mein Vater als kleiner Junge einmal zu den Bergen der Trango-Gruppe mitnahm. Als uns der Weg durch das Städtchen Drimdu führte, beschlossen wir, an einer kleinen Bude anzuhalten und uns zwei Schüsseln Nudeln zu bestellen. Und selbst heute, Jahrzehnte später, weiß ich noch genau, wie gut das Essen geschmeckt hat. Ich habe seither eine Menge anderer Köstlichkeiten probieren dürfen, keine aber ist auch nur entfernt an das Aroma dieser Nudeln herangekommen. Nun weiß ich natürlich, dass die Nudeln in so einer kleinen Stadt bestimmt nichts

Besonderes waren, aber alles, was wir tun und erleben, wird von der Stimmung beeinflusst, in der wir uns gerade befinden. Und meine Begeisterung hatte vielleicht damit zu tun, dass ich nur selten außer Haus essen konnte. Oder dass es überhaupt wenig Gutes zu essen gab.

Auch die folgende Fabel läuft auf dasselbe hinaus: Einst kostete ein im Exil lebender Kaiser von einem besonders wohlschmeckenden Tofu. Dieser war so gut, dass ihn der Kaiser mit himmlischem Ambrosia verglich. Nachdem er das Exil verlassen hatte und wieder in seinem Palast war, befahl er den berühmtesten Köchen, ihm genau diesen Tofu zuzubereiten. Doch ganz unabhängig davon, wie geschickt sie sich anstellten und wie viel Mühe sie sich auch gaben, an den einst genossenen Geschmack kam keiner von ihnen heran. Der Kaiser war jedoch so besessen davon, dass er jeden Koch enthaupten ließ, der an dieser Aufgabe scheiterte. Hätte er begriffen, dass alles und jedes »vom Geist hervorgebracht« wird, wäre er bestimmt nie so weit gegangen. Doch über das Verhältnis zwischen dem Geist und der äußeren Welt wissen eben leider nur wenige Bescheid.

Eigenverantwortung

Wer sein erfolgreiches, sorgenfreies Leben allein der Unterstützung anderer verdankt, läuft Gefahr, über kurz oder lang vom Glück verlassen zu werden. Manche ziehen gute Jobs und dergleichen nur aufgrund ihrer familiären Beziehungen an Land. Doch die Eltern können ihre gute Position verlieren – und mit Sicherheit sterben sie irgendwann. Wie es danach weitergeht, kann niemand sagen. Deshalb ist es immer besser, auf sich selbst zu vertrauen.

Eine alte Geschichte erzählt von zwei Schwänen und einer Schildkröte, die gemeinsam in einem Teich lebten. Eines Sommers kam es zu einer schweren Dürre. Als die Tiere mit ansehen mussten, wie ihr Teich allmählich austrocknete, wurden die drei nervös wie Katzen auf einem heißen Stein. Einer der Schwäne sagte: »Wir sollten nicht warten, bis wir tot sind, sondern lieber zu jenem See in der Ferne fliegen.« Die Vorstellung, allein gelassen zu werden, verärgerte die Schildkröte. »Wir können fliegen, du aber nicht«, hielten ihr die Schwäne entgegen. »Und was sollten wir sonst tun?«

Da hatte die Schildkröte eine Idee: »Ein Stock! Wenn jeder von euch ein Ende nimmt und ich mich in der Mitte festbeiße, können wir alle zusammen fliegen.« Die beiden Schwäne fanden den Vorschlag gut und stimmten zu. So flogen die drei los zu dem See in der Ferne.

Als sie über ein Dorf flogen, wurden sie von einer Schar Kinder entdeckt. Sie klatschten in die Hände und riefen: »Was für kluge Schwäne! Bringen die doch tatsächlich eine Schildkröte zum Fliegen!« Die Schildkröte dachte voller Zorn: »Die Idee mit dem Fliegen war doch von mir! Und dafür sollen nun die Schwäne alle Lorbeeren einstreichen dürfen?« Gern hätte sie ihrem Ärger Luft gemacht, da sie aber nicht zu Boden fallen wollte, verkniff sie sich jeden Laut und schwieg.

Auch die Kinder eines anderen Dorfs überschütteten die Schwäne mit Lob und klatschten ihnen Beifall. Nun konnte sich die Schildkröte nicht länger zurückhalten und rief: »Das war alles meine Idee!« Und es geschah, was geschehen musste: Sobald sie den Schnabel aufriss, fiel die Schildkröte wie Blei zu Boden und starb.

Jeder, dessen Wohl von anderen abhängt, und der sorglos und überheblich handelt, wird irgendwann fallen. Nehmen Sie deshalb erwiesene Freundlichkeit und Hilfe mit Dankbarkeit an – anders als die Schildkröte.

Doch so wie diese wird jeder leiden müssen, dessen Überleben von Dritten abhängt. Statt sich völlig auf die Großzügigkeit anderer zu verlassen, sollten Sie an Ihren eigenen Fähigkeiten arbeiten. Die Alten sagten: »Nicht ihrer schäbigen Gewänder schämen sich die

Gelehrten, sondern für fehlendes Wissen.« Nutzen Sie Ihre Talente und lernen Sie ständig dazu, so können Sie alles bewältigen. Verlassen Sie sich jedoch immerzu auf andere, können »die Berge, auf die du baust, einstürzen und die Flüsse versiegen, auf die du vertraust«.

Tue Gutes und rede nicht darüber

Der Mahayana-Buddhismus legt großen Wert darauf, jede Freundlichkeit zu erwidern und nie auf Rache zu sinnen. Wann immer Sie jemandem einen Dank schuldig sind, denken Sie: »Für jeden Tropfen Güte, den ich empfange, gebe ich einen breiten Fluss zurück.«

Der Mathematiker Hua Luogeng sagte einmal: »Kein Gefallen, den mir jemand irgendwann getan hat, wird mir je aus dem Gedächtnis kommen, aber alles Gute, das ich für andere bewirken konnte, vergesse ich sofort.« Ebenso sollten wir Feindseligkeiten schnellstmöglich vergessen und sie uns nicht zu Herzen nehmen.

Gutherzige Menschen versuchen stets, auch den Leuten ohne Groll zu begegnen, von denen sie verletzt wurden. Wie weise das ist, illustriert die folgende Legende aus dem Mahayana-Buddhismus: Auf dem Rückweg ins Kloster wurde ein Mönch eines Abends von einem Wolkenbruch überrascht, der gar kein Ende nehmen wollte. Als er ein großes Haus erblickte, fragte er sich, ob er dort wohl die Nacht verbringen dürfte. Nachdem der Mönch die Glocke am Tor geläutet hatte, tauchte ein Diener auf. Doch auf die Frage nach einer Übernachtungsmöglichkeit erwiderte dieser nur kühl:

»Mein Meister hat kein Interesse an Mönchen. Also suchst du dir besser etwas anderes.«

»Aber es regnet doch so heftig«, gab der Mönch zurück, »und weit und breit gibt es kein anderes Haus; könntest du mir denn nicht bitte diesen Gefallen tun?«

Der Diener antwortete: »Das kann ich nicht entscheiden. Ich muss meinen Meister fragen.« Zurück kam er mit der Mitteilung, der Mönch könne nicht bleiben. Dieser bat darum, wenigstens unter dem Dachvorsprung schlafen zu dürfen, doch der Diener schüttelte nur den Kopf. Da er keine andere Möglichkeit sah, verabschiedete sich der Mönch, jedoch nicht, ohne den Diener nach dem Namen seines Meisters zu fragen. Dann eilte er im strömenden Regen zu seinem Kloster weiter.

Drei Jahre später verliebte sich der wohlhabende Besitzer eines hochherrschaftlichen Anwesens Hals über Kopf in eine Frau und machte sie zu seiner Konkubine. Als sie ihn eines Tages fragte, ob sie ins Kloster dürfe, um Räucherwerk zu entzünden und um Segen zu beten, begleitete sie der reiche Mann. Im Kloster entdeckte er auf einer sehr auffälligen Plakette seinen Namen zusammen mit einem Gebet, in dem ihm ein langes, gesundes Leben gewünscht wurde. Völlig überrascht fragte er einen Novizen, was es damit auf sich habe.

»Das Gebet ist von unserem Abt«, entgegnete der angehende Mönch. »Er hat es vor drei Jahren geschrieben. Als er eines Abends bei einem heftigen Wolkenbruch ins Kloster zurückkam, erklärte er uns, es sei ihm nicht gelungen, eine gute Verbindung zu einem bestimmten

Wohltäter herzustellen; also schrieb er dieses Gebet für ihn. Seither rezitiert er Sutras und widmet diesem Menschen Verdienste aus guten Taten in der Hoffnung, die Feindseligkeiten auflösen zu können. Außerdem verbindet er seine Gebete für ihn mit dem Wunsch, er möge frei von Leiden sein und glücklich werden. Wenn Sie weitere Einzelheiten erfahren möchten, müsste ich …«

Doch mit einem Mal wusste der wohlhabende Mann Bescheid und schämte sich sehr. Er wurde zu einem ergebenen Wohltäter des Klosters und brachte ihm das ganze Jahr über seine Opfergaben dar.

In dieser Geschichte ging es darum, eine schlechte Verbindung zu kitten. Hätten Sie dasselbe getan? Wenn Ihnen jemand die Hilfe versagt oder Sie sogar verletzt, sind Sie dann immer noch bereit, ihm mit Wohlwollen zu begegnen oder sogar drei Jahre lang Sutras für ihn zu rezitieren? Entscheidend ist, dass wir uns im Mahayana-Buddhismus nicht an möglichen Feinden rächen; vielmehr geben wir uns alle Mühe, ihnen Gutes zu tun. Ganz wie Mark Twain einmal sagte: »Vergebung ist der Duft, den das Veilchen dem Absatz mitgibt, der es zertreten hat.«

Wer nicht leiden kann, hat das Nachsehen

Da manche denken, wer leide, könne keinesfalls Frieden und Glück empfinden, wollen sie diesen Zustand partout nicht akzeptieren. Das ist aber eine sehr oberflächliche Sichtweise. Denn wer in der Lage ist, das Leiden als eine Motivation zu betrachten, gewinnt eine wertvolle Ressource hinzu. Wer die Lebensgeschichte des Buddhas kennt, weiß, dass er dem weltlichen Leben erst entsagte und Befreiung suchte, nachdem er die Leiden von Alter, Krankheit und Tod mitangesehen hatte. Auch die Nonne Uppalavanna entsagte der Welt, nachdem sie furchtbares Leiden erlitten hatte, wandte sich der Praxis zu und erlangte schließlich Arhatschaft. Praktisch keiner der berühmten Meister konnte Großes erreichen, ohne zuvor leiden zu müssen.

Winston Churchill war noch nicht Premierminister Großbritanniens, als er an einer Versammlung erfolgreicher Geschäftsleute teilnahm. In deren Verlauf berichtete ihm einer der Anwesenden von seiner traumatischen Kindheit als armes Waisenkind und sagte: »Ist das Leiden Schmach oder Schatz? Wenn man das Leiden überwindet, stellt es einen großen Schatz dar; lässt man sich dagegen vom Leiden übermannen, wird es zu einer schlimmen Schmach.« Diese kleine Bemerkung berührte Churchill tief. Inspiriert von der Geisteshaltung, die darin zum Ausdruck kam, wurde er zu einem der bedeutendsten Politiker in der Geschichte Großbritanniens.

Indem wir uns durch unsere gegenwärtigen Schwierigkeiten hindurchkämpfen, erlangen wir den Mut, auch kommende Probleme zu bewältigen. Und für jeden, der sich bemüht, in seinem Leben mehr Courage aufzubringen, kann das Leiden zur idealen Wachstumsquelle werden. Ein träges, gänzlich schmerzloses Leben ähnelt einem leeren Schiff, das schon beim ersten Sturm ins Kentern kommt.

Die Weisheit des Geduldigen

Unser Lebensweg ist nicht immer glatt und gut gepflastert; auch die Sonne wird nicht immer über uns scheinen. Doch sobald größere Schwierigkeiten auftreten und man deshalb zornig wird, kommt es entscheidend auf die Weisheit der Geduld an.

Es war einmal ein Minister namens Jin Jian. Der Kaiser gab ihm 500 Tael (etwa 20 Kilogramm) Gold und befahl ihm, davon das »Beste der Welt« zu kaufen. Daraufhin bereiste Jin Jian viele Länder der Erde, konnte seine Mission jedoch nicht erfüllen.

Eines Tages hörte er auf der Straße einen alten Mann laut rufen: »Weisheit zu verkaufen! Weisheit zu verkaufen! Wer möchte Weisheit?«

»Bei uns zu Hause haben wir so was nicht«, dachte sich der Minister und fragte den Alten nach dem Preis.

»500 Tael Gold, aber zahlbar im Voraus«, beschied ihm der Mann. Und der Minister gab ihm das Gold. Worauf ihm der alte Mann mit klarer, wohltönender Stimme mitteilte: »Es handelt sich hier um die einzig wahre Lebensweisheit, insgesamt elf Wörter, die du dir gut einprägen solltest. Sie lauten: ›Entspann dich, bevor du aufbraust. Und denk nach, ehe du handelst.‹«

Als er das hörte, bereute der Minister seinen Kauf und schämte sich, all das Gold verschwendet zu haben. Er verfluchte den alten Mann und kehrte in sein Heimatland zurück.

Mitten in der Nacht traf er zu Hause ein. Und sowie er das Schlafzimmer betrat, fiel ihm auf, dass im Bett neben seiner Frau jemand lag. Der Minister geriet außer sich. »Was denkt sich dieses Flittchen eigentlich dabei, hinter meinem Rücken mit einem anderen zu schlafen!« Voller Zorn zog Jin Jian sein Schwert, bereit, seine Frau zu töten. Dann jedoch erinnerte er sich der elf Wörter des alten Mannes, hielt inne und schaute etwas genauer hin. Und siehe da: Die Person neben seiner Frau im Bett war doch tatsächlich seine eigene Mutter! Wie sich herausstellte, war seine Frau erkrankt, und seine Mutter hatte sich bereit erklärt, sie zu pflegen. In diesem Moment dämmerte dem Minister, dass jedes einzelne dieser elf Wörter von höchstem Wert war. Wären sie ihm nicht wieder eingefallen, hätte er einen Riesenfehler begangen. Und was waren schon 500 Tael Gold gegen das Leben seiner Frau und das seiner Mutter?

Kleine Fehler ziehen oft großes Ungemach nach sich. Aufwallende blinde Wut, überhaupt jede allzu heftige Emotion, kann innerhalb weniger Sekunden zu schrecklichen Taten führen. Deshalb muss unbedingt vermieden werden, Entscheidungen im Zorn zu treffen beziehungsweise übereilt zu handeln. Denn der Zorn ist wie ein Sommergewitter: Schnell zieht es auf, doch bald danach sind die Wolken, der Wind und der Regen auch schon wieder verschwunden, und der Himmel zeigt sich ungetrübt.

Sollte also der Zorn in Ihnen aufsteigen, versuchen Sie einen Moment innezuhalten, sich zu entspannen und ein paarmal tief durchzuatmen. So geben Sie sich selbst die Chance, erst einmal wieder zur Ruhe zu kommen. Und Sie vermeiden dadurch womöglich, etwas Unüberlegtes zu tun!

Bloß nicht eingleisig denken

Manche Menschen begegnen dem Leben sehr flexibel; je nach Situation wenden sie unterschiedliche Strategien an. Andere dagegen denken eher »eingleisig« und verhalten sich immer nach demselben Muster. Man könnte dazu auch sagen: Sie möchten Wolle kaufen, kommen aber geschoren zurück.

Vor langer Zeit waren ein Goldschmied und ein Zimmermann gemeinsam auf Reisen. In einem unwegsamen Gebiet wurden sie von einem Räuber überfallen. Im Nu hatte er den Zimmermann ausgeraubt, während es dem Goldschmied gelang, sich in einem Gebüsch zu verstecken.

Der Zimmermann, ein einfacher Mann, hielt Ehrlichkeit in jeder Lebenslage für den besten Weg. Und da er sich erinnerte, eine Goldmünze in den Kragen seiner Jacke eingenäht zu haben, sagte er zu dem Räuber: »In meiner Jacke ist eine Goldmünze versteckt, die hätte ich gern wieder.«

»Wo genau ist sie denn?«, fragte der Räuber.

Der Zimmermann trennte die Naht am Kragen seiner Jacke auf und zeigte dem Räuber die Goldmünze. Und dann sagte er doch allen Ernstes: »Das ist echtes

Gold. Wenn Sie mir nicht glauben, können Sie ja meinen Freund in dem Gebüsch da hinten fragen, er ist ein hervorragender Goldschmied.« Worauf sich der Räuber den Goldschmied schnappte und auch ihn bis auf die Haut ausraubte.

Nicht einmal in dieser Situation war der Zimmermann in der Lage, sein übliches Verhalten zu ändern. Dadurch musste er nicht nur selbst einen Verlust hinnehmen, sondern schadete auch seinem Begleiter.

Es führt selten zu etwas Gutem, wenn wir nicht in der Lage sind, uns flexibel auf schwierige Menschen oder Situationen einzustellen. Es ist wie bei dem von einem kraftvollen Bogen abgeschossenen spitzen Pfeil: Eine effektive Waffe wird daraus nur, wenn der Schütze ein geeignetes Ziel findet. Trifft der Pfeil dagegen auf etwas Hartes, etwa eine Felswand, zerbricht er nur.

Die Wut mit Weisheit zähmen

Wut können wir als eine sehr heftige ablehnende Reaktion von unterschiedlicher Intensität definieren. Die Bandbreite reicht von einer aggressiven Beschwerde oder Kritik über Ärger und Beleidigungen bis hin zur blinden Zerstörung oder sogar Mord und Totschlag.

Welche Folgen hat Wut für die Betroffenen? Ihre Zufriedenheit löst sich in Nichts auf und sie gelangen in einen Zustand des Kummers, der Unruhe und Schlaflosigkeit.

In einer Geschichte über eines der früheren Leben des Buddhas heißt es: »Hass macht das Gesicht sofort so hässlich, dass keine Spur von Schönheit mehr zu erkennen ist, selbst wenn wir den prachtvollsten Schmuck tragen. Und auch wenn wir im bequemsten aller Betten liegen, könnten wir nicht einschlafen, sondern wälzen uns hin und her, als wären wir auf Dornen gebettet.«

Zornige Menschen leiden häufig unter gesundheitlichen Problemen wie Bluthochdruck, Herzerkrankungen, Magenschmerzen, Schlafstörungen und Verfolgungswahn. Egal wie wohlhabend sie sind, welche gesellschaftliche Position sie innehaben und wie viele Geschenke sie anderen machen – Menschen, die ständig wütend sind und die Gefühle ihrer Mitmenschen verletzen, werden abgelehnt und zurückgewiesen, auch wenn sie sich freundlich zeigen.

In der Geschichte gibt es viele Beispiele mächtiger Persönlichkeiten, die wegen ihrer ständigen Unbeherrschtheit von ihren Gefolgsleuten verraten wurden, was in der Folge zu ihrem Ende führte. So großzügig Sie also auch sein mögen: Sie gewinnen das Vertrauen anderer nur und erreichen Ihre Ziele, wenn Sie Ihren Geist von Hass und Wut befreien.

Falls sich die Wut aber doch einmal Bahn bricht, sollten Sie Ihr Gefühl nicht unterdrücken, sondern ihm eher auf unterschiedliche Weise entgegenwirken. Denn unterdrückte Wut wird nur noch stärker, und irgendwann entlädt sie sich wie ein Vulkan.

Wie Sie dem Hass effektiv entgegenwirken können? Mit Weisheit.

So wie Guo Ziyi, der während der Tang-Dynastie einer der wohlhabendsten Minister Chinas war. Unter vier Kaisern hatte er die Position eines Generals inne. Während eines langen Krieges schändeten Guo Ziyis Feinde das Grab seiner Ahnen. Als er davon erfuhr, schrie er zwar vor Entsetzen, sann aber nicht auf Rache und zeigte sich auch nicht nachtragend. Stattdessen sagte er: »In all diesen endlosen Kriegen sind viele Menschen gestorben, und zahllose Gräber wurden aus Hass geschändet. Als General gehöre ich selbst zu denen, die eine Armee in die Schlacht führen. Und auch von meinen Soldaten haben sich viele an der Zerstörung von Ahnengräbern beteiligt. Jetzt bin also ich dran mit Leiden. Denn auch ich bin ein unwerter Nachfahre.«

Guo Ziyis erste Reaktion bestand darin, die Tat seines Widersachers zu verallgemeinern: Die Entweihung von Ahnengräbern war für ihn eine typische Folge des Krieges. Dann stellte er sein eigenes Verhalten infrage: »Hat meine Armee denn nicht ebenfalls Ahnengräber geschändet?« Seine dritte Reaktion war der Gedanke: »Da bin ich ja selbst schuld und sollte deshalb anderen keine Vorwürfe machen.« Trotz der Entweihung des Grabes seiner Ahnen war er in der Lage, seine feindseligen Gefühle im Zaum zu halten. Ein Zeichen für große Geduld! Ihr verdankte Guo Ziyi seinen Erfolg. Und so war das Glück auf seiner Seite.

Wenn Dinge im Leben geschehen, die unseren Zorn erregen, können wir uns auf die folgenden vier Gedanken besinnen: Erstens gibt es keine Menschen, die nur böse sind. Dass sie böse wirken, liegt daran, dass sie von den Winden des Karmas oder von leidvollen Emotionen getrieben werden. Man muss ihnen daher verzeihen.

Zweitens: Das Leben ist wie ein Traum – es ist am besten, nicht allzu sehr daran festzuhalten, sonst erwächst daraus unermessliches Leid.

Drittens sind alle fühlenden Wesen ihrer wahren Natur nach Buddhas. Und nicht die Person war es, die unseren Zorn erregt hat, sondern ihre qualvollen Emotionen. Bin ich also richtig wütend, richtet sich meine Wut auf diese Emotionen. Und das ist ziemlich dumm!

Viertens: Lässt sich ein Problem lösen, gibt es keinen Grund, wütend zu sein. Und ist das nicht der Fall – was bringt es dann, sich aufzuregen?

Sie sollten lernen, Ihren Geist zu beobachten, wenn Wut in Ihnen hochkocht. Denn oft sind wir gar nicht in dem Augenblick wütend, in dem etwas geschieht, sondern die Wut schleicht sich erst später ein und wird immer stärker. Es sei denn, wir gebieten ihr rechtzeitig Einhalt. Manchmal aber gießen wir selbst noch Öl ins Feuer.

Am besten zähmen Sie Ihre Wut mit Weisheit, wenn Sie wieder einmal mit Widrigkeiten konfrontiert werden. Geben Sie der Wut keinen Raum, damit sie sich nicht weiter steigern kann. Denn sonst wird daraus womöglich der eine Funke, der einen ganzen Wald von Verdiensten niederbrennt.

Das Leiden lindern mit dem Mantra von Avalokiteshvara

Schon als Kind spürte ich großes Vertrauen in Avalokiteshvara, den Bodhisattva des Mitgefühls. Dafür gab es verschiedene Gründe: Ich hatte ein unerschütterliches Vertrauen in den Buddhismus, da ich einer buddhistischen Familie entstamme. Außerdem war ich ständig vom Mantra des Avalokiteshvara umgeben, da es in Tibet buchstäblich von jedem rezitiert wird.

In meiner Kindheit hatten wir einen viel niedrigeren Lebensstandard als heute. Unser Haus war äußerst bescheiden – mit den modernen Wolkenkratzern gar nicht zu vergleichen –, die Menschen aber hatten ein reines Herz. Das war also die Atmosphäre, in der ich aufwuchs. Und täglich rezitierte ich beim Hüten der Yaks das Mantra des Avalokiteshvara. Wie oft genau ich es aufgesagt habe, weiß ich nicht, bestimmt aber mehrere Millionen Mal.

Jede Familie in meiner Heimatstadt ist mit dem Mantra des Avalokiteshvara vertraut und weiß, wie kostbar es ist. Auch diejenigen, die sich über seine Bedeutung nicht im Klaren sind, rezitieren es Tag für Tag. – Wie häufig es wohl alles in allem schon gesprochen wurde? Unglaublich oft jedenfalls. Und in Tibet ist das auch heute noch so.

Warum das Mantra des Avalokiteshvara so wichtig ist? In seiner Schrift *Wünsche erfüllender Schatz* erwähnt der tibetische Meister Longchenpa im Kapitel über das Vernehmen des Dharmas einen Text mit dem Titel *Karandavyuha*. Darin werden die Bedeutung des Mantras und des Namens Avalokiteshvara erklärt. Longchenpa schreibt: »Der Wert dieses Sutras ist unschätzbar. Es ist wie ein loderndes Feuer, das das gesamte negative Karma verbrennen kann, welches wir im Laufe der anfanglosen Zeit angesammelt haben. Es ist wie das klare Wasser, das unsere karmischen Eintrübungen und Verunreinigungen abwaschen kann. Es ist wie ein stürmischer Wind, der alle Hindernisse für Körper, Rede und Geist hinwegfegen kann.«

Das Mantra des Avalokiteshvara lautet *Om mani padme hum*. In einer anderen Version steht am Ende noch die Keimsilbe des Wortes Avalokiteshvara: *Om mani padme hum hrih*.

Solange Sie wirklich aufrichtig sind und auf Avalokiteshvara vertrauen, brauchen Sie sich über die korrekte Aussprache keine Gedanken zu machen. Natürlich unterscheidet sich die Aussprache in China erheblich von der deutschen Aussprache. Und sogar in Lhasa (Tibet) hört es sich ganz anders an als im Osten, wo ich lebe. Aber solange wir an das Mantra glauben und darauf vertrauen, sind die Verdienste, die wir mit dem Rezitieren dieser Worte erwerben, gleich, ganz egal, wie wir sie aussprechen.

Ein alter Mönch sah einmal von Weitem ein rotes Licht auf einem Berg. »Das kommt bestimmt von einem ganz bedeutenden Meditierenden«, dachte er. Da er herausfinden wollte, um wen es sich wohl handelte, erklomm er den Berg und stieß auf eine alte Frau. Schon mehrere Jahrzehnte lang rezitiere sie täglich das *Om mani padme nyu*, verriet sie dem Mönch.

Freundlich entgegnete dieser: »Nur ist deine Aussprache leider nicht ganz korrekt. Richtig sagt man: *Om mani padme hum!*« Das zu hören brach der alten Frau schier das Herz, dachte sie doch, damit seien all die Jahrzehnte der Praxis vergebens gewesen. Und obwohl sie sehr traurig und niedergeschlagen war, korrigierte sie ihre Aussprache sofort.

Der alte Mönch wandte sich zum Gehen. Doch als er nach einer Weile noch einmal zum Berg hochschaute, bemerkte er, dass das rote Licht nicht mehr zu sehen war. Sofort kehrte er zu der alten Frau zurück, denn er erkannte den Grund dafür. »Ich habe nur einen Spaß mit dir gemacht«, versicherte er ihr, »dein *Om mani padme nyu* war vollkommen in Ordnung.« Strahlend nahm die alte Frau ihre frühere Aussprache wieder auf. Und von dem Berg ging wieder ein herrliches rotes Leuchten aus.

Das Mantra funktioniert also immer – solange es nur voller Aufrichtigkeit rezitiert wird. Und ganz bestimmt kommen Sie auch in den Genuss des Segens, der von ihm ausgeht, wenn Sie es nicht hundertprozentig korrekt aussprechen. Sollten Sie es jedoch in unguter Absicht rezitieren oder sich durch Gedanken wie Reue oder Verdacht ablenken lassen, wird nichts Gutes daraus erwachsen, selbst wenn Sie jede einzelne Silbe vollkommen korrekt aussprechen.

Fünf Wege, um das Leiden zu vertreiben

Der große indische Gelehrte Aryadeva unterteilte das menschliche Leiden in geistiges und körperliches Leiden. Er schrieb: »Die Privilegierten leiden im Geist und die Unterprivilegierten körperlich. Deshalb erleben sie jeden Tag auf dieser Welt als kummervoll.« Mit anderen Worten: Menschen, die in bevorzugten Verhältnissen leben, erfahren womöglich nur selten körperliche Härten, leiden aber psychisch. Zum Beispiel leiden sie unter Arbeitsstress, Konkurrenzdruck oder der »Einsamkeit an der Führungsspitze«. Menschen in benachteiligten Lebenssituationen leiden unter Mangelernährung, haben nicht genügend zum Anziehen oder müssen körperlich hart arbeiten. So leidet also praktisch jeder Mensch auf die eine oder andere Weise.

Das Leben besteht aus Leiden. Vielen aber ist das nicht bewusst. Schon bei der geringsten Enttäuschung überschütten sie andere mit Vorwürfen und beklagen ihr Schicksal: »Gott, das ist doch nicht fair! Warum habe bloß ich immer so viel Pech? Weshalb kriege ich nie eine Chance?« Dass der Zyklus des Seins nun mal so ist, wie er ist, begreifen sie einfach nicht.

Wie also gehen wir am besten mit dem Leiden um? Der Buddhismus hat auf diese Frage viele Antworten. Mit ihrer Hilfe lassen sich tief in uns verwurzelte Gewohnheiten und Neigungen zwar nicht sofort beseitigen, doch über kurz oder lang erheblich einschränken. Vorausgesetzt, wir arbeiten beständig daran.

1. Den fühlenden Wesen helfen und nicht sich selbst

Wenn Sie sich schlecht fühlen, sollten Sie sich zuallererst klarmachen, dass der Grund für Ihr Leiden Ihre Selbstbezogenheit ist oder anders ausgedrückt: der Egoismus. Denn um das Leiden ausmerzen zu können, müssen wir seine Ursache beheben. Eine Möglichkeit dafür besteht im Studium der buddhistischen Sutras und Kommentare, die uns die Transformation des Egoismus durch den selbstlosen Geist des Mahayana nahebringen. Wir wissen von vielen Menschen, die sich nach dem Studium der Mahayana-Lehren und durch Charity-Arbeit oder freiwilliges Engagement dem Wohl der fühlenden Lebewesen widmeten, dass sie sich deutlich besser fühlten.

Am besten wirkt die Methode der Beseitigung des Leidens durch die Unterstützung anderer, wenn man seine liebende Güte, sein Mitgefühl und die Bodhichitta (der Wunsch, alle Wesen vom Leiden zu befreien, indem man selbst zum Buddha wird) bereits entwickelt hat. Wer noch nicht so weit ist, kann sich immerhin um die Verfeinerung seines Verhaltenskodex bemühen und allen Wesen mit Wohlwollen begegnen.

2. Zufriedenheit und Leiden in den Pfad umwandeln

Mithilfe dieser Methode können Sie das Leiden so transformieren, dass es zum Pfad wird. Denn durch die Veränderung Ihres Denkens werden Sie selbst sehr schmerzhafte Erfahrungen nicht mehr als leidvoll empfinden, sondern ein Hilfsmittel darin erkennen. Sehr detailliert beschreibt Thokmé Sangpo diese Methode in seinem *Lied vom Glück*. Darin heißt es etwa:

Wenn ich krank bin, bin ich glücklich,
weil eine Krankheit die karmischen Eintrübungen
zerstören kann.
Bin ich gesund, bin ich auch noch glücklich,
denn ein gesunder Körper kann für tugendhaftes Tun
genutzt werden.

Wenn ich reich bin, bin ich glücklich,
weil ich den Verehrenswerten meine Opfergaben
darbringen und den Armen Almosen geben kann.
Bin ich arm, bin ich immer noch glücklich,
denn das hilft mir, meine Anhaftungen an Geld
und materielle Werte abzulegen.

Um im Leben erfolgreich zu sein, müssen wir auch leiden. Die wahrhaft Weisen fürchten sich nie vor dem Leiden, sondern machen aus jeder Beschwernis ein Sprungbrett in die Befreiung.

Einst stürzte ein Esel in einen ausgetrockneten Brunnen. Der Bauer wusste keinen Rat, wie er das Tier retten könnte. Schließlich dachte er: »Der Esel ist ja schon alt. Außerdem sollte ich den Brunnen endlich auffüllen. Es hat ja keinen Sinn, unnütz Energie in die Rettung des Tieres zu stecken.« Er bat seine Nachbarn, ihm beim Auffüllen des Brunnes mit Erde zu helfen.

Der Esel, der schnell verstand, was da geschah, schrie zunächst voller Panik, beruhigte sich jedoch nach einer Weile. Als der Bauer einen Blick in den Brunnen warf, traute er seinen Augen kaum: Der Esel schüttelte die herunterfallende Erde ab und trat sie fest. So hatte er im Nu den Rand des Brunnes erreicht, sprang heraus und rannte davon.

Mit unserem Leben verhält es sich insofern ähnlich, als auch auf uns ständig Probleme niederprasseln. Doch egal, was da alles auf Sie zukommt: Schütteln Sie das Elend einfach ab wie Staub und Erde, treten Sie es fest und lassen Sie sich davon auf gar keinen Fall überrollen und darunter begraben. Auf diese Weise können auch Sie dem Leiden im Meer des Samsaras, dem Zyklus des Seins, entkommen. So wie der Esel, dem es gelang, sich aus dem Brunnen zu befreien.

3. Den Austausch mit anderen praktizieren: das Geben und Nehmen

»Tonglen« (tibetisch für »aufnehmen und aussenden«) stellt eine weitere Möglichkeit dar, das Leiden zu vertreiben. Sollten Sie zum Beispiel mit einer schweren Erkrankung im Bett liegen, darunter leiden, dass Ihr Ruf ruiniert ist, oder völlig mittellos dastehen, können Sie sich dieses Ziel vornehmen: »Es gibt so viele Menschen auf dieser Welt, die genauso unglücklich sind wie ich. Möge ihr Leiden an mir wachsen, sodass ich es für sie erleben kann. Mögen sie frei von Leid und glücklich sein.« Mit jedem Ausatmen visualisieren Sie, wie sich Ihr Seelenfrieden und Ihr Glück in weißen Rauch verwandeln, der auf alle fühlenden Wesen übergeht. Bei jedem Einatmen stellen Sie sich vor, wie sich alles menschliche Leid in schwarzen Rauch verwandelt und in Sie eindringt. Das ist der beste Weg, um das Leiden zu vertreiben. Wenn wir dies immer dann praktizieren, wenn wir auf Leid treffen, lohnt sich das Leiden, das wir erfahren müssen. Und mit zunehmender Praxis nimmt unsere Egozentrik immer weiter ab.

4. Mentale Stärke entwickeln

Mentale Stärke zu besitzen heißt, Hindernissen standhalten zu können. Wer dazu in der Lage ist, wird sich dem Leiden nicht so schnell ergeben. Ich habe einige Biografien von einflussreichen Menschen gelesen und festgestellt, dass sie so erfolgreich waren, weil sie stark waren. Mutig lösten sie selbst die größten Probleme und gaben nie auf. Andere dagegen scheitern, weil sie mental so wenig belastbar sind, dass selbst ein winziger Rückschlag oder eine kleine Frustration sie zur Verzweiflung bringen können.

Was entscheidet nun genau über Erfolg oder Scheitern? Su Dongpo, Staatsmann und Schriftsteller in der Zeit der Song-Dynastie, drückte es so aus: »Die großen Persönlichkeiten der Geschichte waren nicht nur begabter als der Durchschnitt, sondern besaßen auch einen festen, unerschütterlichen Willen.«

5. Mipham Rinpoches Methode zur Verbesserung der Stimmung

Im tibetischen Buddhismus gibt es eine sehr einfache Methode, um das Leiden zu vertreiben und unsere Stimmung aufzuhellen. Schauen Sie zuerst direkt in den Raum vor Ihnen, entspannen Sie sich, erweitern Sie Ihren Geist so weit wie möglich und ruhen Sie sich dann in diesem Zustand aus. Als Nächstes singen Sie 7- oder 108-mal *Tayata om tsomo milena deka tamo svaha.* Diese Übung kann nicht nur Ihre Stimmung verbessern, sondern auch Ihre Beziehungen verbessern und Leiden lindern.

Sie müssen nicht jede der hier genannten fünf Methoden anwenden. Schließlich hat jeder seine ganz persönlichen Vorlieben. Suchen Sie sich also aus, was Ihnen am meisten zusagt. Bei Beschwerden verlässt sich der eine mehr auf Kräuter oder Akupunktur, während sich andere lieber massieren lassen oder gleich zum Arzt gehen und ihn um eine Spritze bitten. Egal welche Methode zur Anwendung kommt – der Zweck ist immer derselbe: die Linderung des Leidens.

Mantras für Glück und Zufriedenheit

Wer nach Tibet kommt, bemerkt einen gemeinsamen roten Faden, der die gesamte Bevölkerung verbindet: Junge, Alte, Männer, Frauen, Mönche, Nonnen, Laien – jede und jeder hat eine Mala in der Hand (die tibetische Form des Rosenkranzes) und lässt die Perlen durch die Finger gleiten. Die Mala ist weder Schmuck noch ein Amulett zur Abwehr von Katastrophen oder Dämonen. Vielmehr stellt sie ein unverzichtbares Hilfsmittel zum Zählen der Mantras dar, die man rezitiert. Eifrig wiederholen viele Tibeter diese Mantras ihr ganzes Leben lang und kommen so zu einer Gesamtzahl, die in die Hunderte von Millionen geht.

Letzten Endes sind die Mantras der Buddhas und Bodhisattvas nicht von den Buddhas und Bodhisattvas selbst zu trennen. Das Mantra des Avalokiteshvara etwa ist identisch mit dem Bodhisattva Avalokiteshvara, und das Mantra des Manjushri, des Bodhisattvas der Weisheit, ist Manjushri selbst.

Das Rezitieren dieser Mantras ermöglicht uns eine geistige Begegnung mit den jeweiligen Buddhas und Bodhisattvas. In *Luminous Essence* schrieb der berühmte

Meister Mipham Rinpoche: »Auf der höchsten Ebene sind alle Phänomene in der Weite der Reinheit und Gleichheit, dem großen Körper der Wahrheit, nicht voneinander getrennt. Auf der relativen Ebene gibt es keinen Unterschied zwischen der Gottheit und ihrem Mantra, da beide nur Manifestationen der Weisheit sind zum Wohlergehen derjenigen, die Führung benötigen.«

Die Begegnung Ihres Geistes mit Buddhas und Bodhisattvas aktiviert verschiedene Aspekte Ihres Potenzials. Jeder der Buddhas und Bodhisattvas, denen allen am Wohl der Lebewesen gelegen war, konzentrierte sich in der Vergangenheit auf eine bestimmte Qualität oder Tugend. Indem wir ihre Mantras rezitieren, kultivieren wir ihre jeweilige Eigenschaft oder den Segen, der mit dem einzelnen Buddha oder Bodhisattva verbunden ist.

So ist zum Beispiel der Bodhisattva Manjushri die Gottheit, die mit dem Aspekt der Weisheit aller Buddhas der drei Zeiten in Verbindung gebracht wird. Durch das Rezitieren seines Mantras aktivieren wir unsere Weisheit. Die Gottheit Avalokiteshvara ist mit dem mitfühlenden Aspekt aller Buddhas der drei Zeiten verbunden. Durch das Rezitieren seines Mantras verstärken wir unser Mitgefühl. Überhaupt kann die Mantra-Rezitation nicht nur den transzendenten Verdienst der Befreiung verbessern, sondern auch weltliche Vorteile bewirken, etwa ein langes Leben und Gesundheit.

Manche Leute bezweifeln das und sagen: »Aber das ist doch lächerlich! Wie soll denn das gehen?« Dabei lässt sich die spirituelle Kraft von Mantras auf vielerlei Weise nachprüfen – durch persönliche Erfahrung, Schriftstudium oder logisches Denken.

Leider glauben heutzutage viele, dass etwas, das sich nicht wissenschaftlich beweisen lässt, nicht der Wahrheit entsprechen kann, zum Beispiel die Wirksamkeit von Mantras, Wiedergeburt, Karma und so weiter. Doch allein dadurch, dass die Wissenschaft etwas nicht erklären kann, ist es ja noch nicht widerlegt. Und blind alles zu glauben, was den Anschein von Wissenschaftlichkeit erweckt, ist genauso lächerlich. Dem Unbekannten gegenüber nimmt man am besten eine rationale Haltung ein, akzeptiert es nicht sofort, qualifiziert es aber auch nicht gleich ab. Der wahre Wissenschaftler ist aufgeschlossen und erkennt den Umstand an, dass es vieles gibt, was wir momentan weder beweisen noch widerlegen können. Und insbesondere im Hinblick auf den Geist hat die Wissenschaft tatsächlich noch allerlei in Erfahrung zu bringen.

Gerade in China werden die Tantra-Praktiken von vielen abgelehnt, die mit dem Buddhismus ein wenig vertraut sind, denn es gäbe zu viele Mantras, die kein authentischer Bestandteil des Buddhismus seien. Aber auch diese Auffassung ist engstirnig. Denn sogar die Sutras enthalten viele Mantras; denken wir nur an die im *Shurangama Sutra*, an das Dharani für eine Wiedergeburt im Reinen Land der Glückseligkeit, das große Mitgefühlsmantra oder die zehn kurzen Mantras, die zur täglichen Praxis sowohl am Morgen gehören als auch am Abend und an viele andere. Im *Sutra vom Goldenen Licht* heißt es: »Selbst die Bodhisattvas der höchsten Ebene benötigen den Schutz der Mantras, um wie vieles mehr also die gewöhnlichen Menschen!« Und sogar am Ende des weithin bekannten *Herz Sutras* steht ein Mantra, über das es heißt, es sei »unübertroffen und das Mantra, das an den Unerreichbaren heranreicht«. Wie sich die Leute in China, die Mantras mit Katastrophen oder Dämonen gleichsetzen, diese Beispiele wohl erklären?

Doch wie gesagt: Auch wenn es angeblich vom Buddha selbst kommt, sollten wir nichts blind akzeptieren oder ablehnen. Wichtig ist, selbst herauszufinden, ob etwas richtig ist oder nicht. Dazu ermuntern uns der Buddha und die buddhistischen Meister sogar ganz ausdrücklich. Sie stellen uns die analytischen Werkzeuge der Philosophie des Mittleren Weges, der Logik und der Erkenntnistheorie zur Verfügung. Ich jedenfalls habe keinerlei Zweifel daran: Der Buddha möchte, dass wir die wahre Natur aller Phänomene selbst erkennen, statt uns auf blinden Glauben zu verlassen!

Mit Mantras das Leiden abwenden und Glück erlangen

Buddha Shakyamuni

Sie möchten den Stress bei der Arbeit oder den des Lebens im Allgemeinen reduzieren? Nun, eine der einfachsten und praktischsten Meditationen besteht darin, für eine Weile ein Bild von Buddha Shakyamuni zu fokussieren, dann die Augen zu schließen und danach das Bild in Ihrem Geist zu rekonstruieren. Sobald es anfängt zu verschwimmen, öffnen Sie die Augen, betrachten eine Weile wieder das materielle Bild, um es anschließend erneut zu visualisieren. Üben Sie so lange weiter, bis sich ein klarer geistiger Eindruck gebildet hat. Es gibt keine bessere Methode als diese, um Ihr Konzentrationsvermögen zu steigern.

Sie können auch das Mantra von Buddha Shakyamuni rezitieren: *Tadyatha om muni muni mahamuniye svaha.* Es eignet sich hervorragend zur Bekämpfung geistig-seelischer Probleme.

Amitayus

Wünschen Sie sich selbst oder jemand anderem ein langes Leben? Wollen Sie nicht zu früh oder unerwartet zu Tode kommen? Dann beten Sie von ganzem Herzen zu Amitayus, dem Buddha der Langlebigkeit. Rezitieren Sie dafür voller Achtsamkeit sein Mantra *Om amarani jivantiye svaha.*

Vajrasattva

Sobald in Ihnen Reue für alles Negative aufkommt, das Sie absichtlich oder unabsichtlich getan haben, rezitieren Sie das Mantra des Vajrasattva: *Om vajrasattva hum.* Stellen Sie sich dabei bildlich vor, dass Nektar von Vajrasattva auf Sie herabrinnt und Ihr gesamtes negatives Karma löscht. So werden allmählich alle Formen negativen Karmas aufgehoben.

Der Medizin-Buddha

Das hingebungs- und vertrauensvolle Beten zum Medizin-Buddha, *Om bhaishajye bhaishajye mahabhaishajye raja samudgate svaha*, kann die Langlebigkeit erhöhen und alle Arten von Krankheiten und Katastrophen abwenden. Ein würdevolleres Auftreten gibt es als »Bonus« dazu.

Amitabha

Wer in der Todesstunde von ganzem Herzen *Namo Amitabha* rezitieren und dabei die erhabene Gestalt des Buddhas Amitabha visualisieren kann, befreit sich vom Leiden und der Todesangst, kommt zur Ruhe, wird zufrieden und kann sich entspannen. Wer besonderes Glück hat, kann sogar im Reinen Land der Glückseligkeit wiedergeboren werden. Rezitiert der Sterbende das Mantra mit anderen Menschen zusammen, verstärkt sich dessen Wirkung noch.

Padmasambhava

Wer voller Andacht zu Padmasambhava betet und hoch konzentriert sein Mantra *Om ah hum vajra guru padma siddhi hum* rezitiert, kann Konflikte, Erkrankungen und Unglücksfälle überwinden. Schwierigkeiten beim Meditieren verschwinden, und Wünsche erfüllen sich schnell.

Tara

Beten Sie andächtig zu Tara und rezitieren Sie ihr Mantra *Om tare tuttare ture svaha* voller Achtsamkeit, so können sich böse Flüche, Selbstmordgedanken und Erkrankungen in Nichts auflösen. Belastende Emotionen können befriedet und Ängste ausgelöscht werden.

Womöglich bringen Sie es zu Wohlstand, Einfluss und Ruhm. Diese Praxis bringt in der gegenwärtigen Zeit die schnellsten Erfolge.

Kshitigarbha

Um Ihre Wünsche zu erfüllen, die Wurzeln der Tugend zu stärken, Verdienste und Reichtum zu vermehren oder das Bewusstsein der Verstorbenen auf eine günstige Wiedergeburt zu lenken, können Sie *Namo bodhisattva kshitigarbha* rezitieren und Kshitigarbha um seinen Segen bitten.

Manjushri

Um Ihre innere Weisheit zu aktivieren und zu unterscheiden, was Sie übernehmen und was Sie aufgeben wollen, hilft das Mantra von Manjushri: *Om arapachana dhih.* Das Rezitieren des Mantras kann dazu beitragen, die Leistungen in der Schule zu verbessern.

Avalokiteshvara

Wenn Sie sich in einer gefährlichen Situation oder Katastrophe befinden und *Om mani padme hum* rezitieren, kann es schwierige Situationen in günstige und Unglück in Glück verwandeln.

Garudas

Um den fühlenden Wesen zu helfen, manifestieren sich Buddhas und Bodhisattvas in Form der adlerartigen Garudas, die die reine Essenz des Geistes verkörpern. Wer von ganzem Herzen zu den Garudas betet, kann Kraft schöpfen, negative Einflüsse abwenden und Linderung von Beschwerden wie Anfallserkrankungen erfahren.

Dies sind nur einige Beispiele für den Nutzen von Gottheitspraktiken. In Wahrheit verleiht jedes Mantra und jeder Name unendlich Verdienste. Nur um Ihnen die Wahl zu erleichtern, habe ich mich hier auf die wichtigsten Wohltaten konzentriert, die sie gewähren.

Entscheidend ist, dass Sie die jeweilige physische Gestalt der Buddhas oder Bodhisattvas visualisieren, während Sie ihre Mantras oder Namen rezitieren. Denn das unterstützt unsere Konzentration und öffnet uns für die Segnungen. Um genau zu sein, verschafft bereits die reine Betrachtung eines Buddha-Bildes Verdienste und beseitigt Blockaden. Im *Avatamsaka Sutra* heißt es: »Wer einen Buddha erblickt, wird frei von allen Hindernissen, sammelt unendliche Verdienste an und bringt es auf dem Pfad der Erleuchtung weiter.« Zu einer Verbindung mit dem Buddha und guten Aussichten für künftige Leben kommt es sogar, wenn Sie sein Bild mit Hass oder Verachtung betrachten.

Stellen wir eine Buddha-Figur auf einen erhöhten, sauberen Platz, werfen uns regelmäßig vor ihr nieder, bringen ihr Opfergaben dar, beten zu ihr und praktizieren im Einklang mit den buddhistischen Lehren, gelangen wir über kurz oder lang in den Genuss unfassbarer Segnungen. Dann lassen unsere belastenden Emotionen ebenso nach wie der Stress und die Leiden, die wir empfinden.

Und was immer Sie sich auch wünschen mögen: Wenn Sie nur von ganzem Herzen zum Buddha beten, werden Sie mit Sicherheit genau die Hilfe erhalten, die Ihren Möglichkeiten, Ihrem Karma und Ihren Lebensumständen entspricht. Und auch wenn Sie nur ein einziges Mal *Namo Buddha* (»Lob und Ehre dem Buddha«) chanten, wirkt sich dies bereits auf Ihre künftigen Leben positiv aus und auf das jetzige.

2. Sein wie der Buddha

Wenn du nur die Schwächen der anderen suchst,
wirst du in ihnen keine rettende Gnade sehen,
auch wenn es Bodhisattvas sind.
Die Weisen haben eine reine Wahrnehmung
von jedem.

Geheimnisse für sich behalten

Versuchen Sie, nicht nur Ihre eigenen Geheimnisse für sich zu behalten, sondern plaudern Sie auch die von anderen Menschen nicht aus. Manche Leute geben alles von sich, was ihnen gerade in den Sinn kommt, insbesondere wenn sie etwas getrunken haben. Aber wie sagt man doch so treffend: »Ist ein Geheimnis erst einmal in der Welt, geht es auf Tournee.« Und wer nicht schweigen kann, wird zu einer Enttäuschung für seine Mitmenschen.

Eine Frau bewarb sich einmal für eine Position in einem multinationalen Konzern. Nach den ersten Vorstellungsgesprächen wurden einige der Bewerber zu einem schriftlichen Test eingeladen. Schnell hatte die Frau alle Fragen beantwortet, was ihr auch nicht schwerfiel – bis sie zur letzten Aufgabe kam. Diese lautete: »Bitte notieren Sie alle Ihnen bekannten Geschäftsgeheimnisse Ihres letzten Arbeitgebers.« Die Bewerberin überlegte einen Moment und ging dann mit dem Fragebogen zum Leiter des Tests. »Es tut mir leid«, sagte sie, »aber den letzten Punkt kann ich, glaube ich, nicht beantworten. Denn was das angeht, fühle ich mich meinem früheren Arbeitgeber verpflichtet.« Sie gab ihren Bogen ab und ging. Am nächsten Tag erhielt sie einen Brief des Konzerns, in dem ihr die Stelle zugesagt wurde. Der letzte Satz ihres zukünftigen Chefs lautete: »Genau das suchen wir: Personal mit einer einwandfreien Arbeitsmoral.« Wer andere respektiert, verschafft sich auch selbst Respekt, und wer die Geheimnisse seiner Mitmenschen zu wahren weiß, gewinnt ihr Vertrauen.

Aber auch vieles, was nicht direkt ein Geheimnis darstellt, bleibt besser unausgesprochen. Erstens sollten wir uns nicht über unsere eigenen guten Eigenschaften äußern. Selbst wenn wir jede Menge davon haben: Bloß nicht damit angeben! Das wird meist als arrogant empfunden und führt nur dazu, dass die anderen negativ über uns denken.

Zweitens sollten wir die Schwächen anderer für uns behalten. Manchmal ärgern wir uns über unsere Mitmenschen. Doch das ist in Wirklichkeit nur ein Zeichen dafür, dass unsere buddhistische Praxis noch zu wünschen übrig lässt. Was passiert, wenn andere offen oder auch hinter unserem Rücken über unsere Unzulänglichkeiten reden? Wir sind gekränkt. Versetzen wir uns also in die Lage unserer Zeitgenossen, dann hören wir ganz schnell auf, uns den Mund über ihre Schwächen zu zerreißen.

Drittens sollten wir unsere Zukunftspläne für uns behalten. Denn es führt oft zu negativen Ergebnissen, wenn wir offen darüber sprechen. Alles kann sich jederzeit wieder ändern, also ist es besser, über Projekte erst dann zu reden, wenn nichts mehr schiefgehen kann.

Diese Empfehlungen entsprechen den Ratschlägen unserer großen Meister. Die Worte sind einfach, aber ihre Bedeutung ist tiefgründig. Und ich kann nur hoffen, dass auch Sie sie beherzigen.

Sich in andere hineinversetzen

Wann immer Sie unsicher sind, wie sich Ihr Handeln auf eine andere Person auswirken mag, sollten Sie sich in deren Lage versetzen und sich fragen: »Wie würde ich es finden, wenn das jemand mit mir tun würde?«

Zi Gong erkundigte sich einst bei Konfuzius: »Gibt es eine Übung, die sich für jeden Bereich meines Lebens eignet?«

Konfuzius antwortete zunächst mit einem einzigen Wort – *Versöhnlichkeit* – und ergänzte: »Füge anderen nichts zu, was du selbst nicht erleben möchtest.« Diese goldene Regel lehrte auch Jesus: »Und wie ihr wollt, dass euch die Menschen tun sollen, das tut auch ihr ihnen!«

Auch der Buddhismus legt großen Wert darauf, sich in andere hineinzuversetzen. So heißt es etwa im *Weg eines Bodhisattva*:

Worin besteht der Unterschied zwischen einem selbst
und anderen, wenn doch allen das Leiden zuwider ist?
Warum schützt man nur sich selbst?
Erlege deshalb nie anderen ein Leiden auf, wenn du
nicht selbst willens bist, es zu ertragen,
denn andere sind genauso wenig bereit dazu.

In einer bekannten buddhistischen Geschichte wird von der Dämonin Hariti berichtet, die tausend Söhne hatte. Ihren jüngsten mochte sie am liebsten. Da sich Hariti gern vom Fleisch kleiner Kinder ernährte, entführte sie immer wieder Kinder, um sie dann bei lebendigem Leib zu verzehren. Um diesem Unwesen ein Ende zu bereiten, baten die Menschen den Buddha um Hilfe.

Mithilfe seiner übernatürlichen Kräfte schnappte sich dieser den jüngsten Sohn der Dämonin und versteckte ihn in seiner Almosenschale. Als Hariti nach Hause kam und ihren Kleinsten vermisste, war sie so bestürzt, dass sie weder essen, trinken noch schlafen konnte. Ganze sieben Tage lang suchte sie nach ihm. Schließlich erfuhr sie von der Allwissenheit des Buddhas und beschloss, sich an ihn zu wenden.

Der Buddha sagte zu ihr: »Du hast tausend Söhne und schon der Verlust eines einzigen macht dich traurig. Andere haben nur ein oder zwei Kinder. Und trotzdem stiehlst du sie ihnen und frisst sie! Ja, glaubst du denn, diese Eltern würden weniger leiden als du? Ist es nicht eher so, dass ihr Leiden das deine noch weit übertrifft?«

Mit einem Mal begriff Hariti und voller Reue und Bedauern sagte sie: »Sollte mein Jüngster zu mir zurückkommen, werde ich nie wieder ein Kind essen.« Der Buddha entließ den Jungen aus der Almosenschale und übergab ihn der Dämonin.

Kurz gesagt: Jedes fühlende Lebewesen wünscht sich Glück und meidet das Leiden. Versuchen wir deshalb, uns immer in die Lage der anderen zu versetzen, besonders auch bei Konflikten.

Einen Gefallen erwidern

Herauszufinden, ob jemand ein guter Freund sein wird, muss nicht schwer sein. Denn wenn er die Güte anderer zu schätzen weiß und sie erwidert, ist er ein guter Freund. Weise Menschen vergessen nie eine Freundlichkeit, die ihnen erwiesen wurde, und sind enttäuscht, wenn sie keine Gelegenheit finden, sich zu revanchieren. Doch Menschen mit einem eher schwierigen Charakter bemerken oft gar nicht, wenn ihnen jemand etwas Gutes tut. Weil sie glauben, einen Anspruch darauf zu haben, kommt es ihnen gar nicht erst in den Sinn, etwas zurückzugeben. Vielleicht erwidern sie Freundlichkcit sogar mit Feindseligkeit und übler Nachrede, was zeigt, wie negativ ihre Einstellung ist.

Es war einmal ein Vater, der sehr klug war und die buddhistischen Lehren gründlich studiert hatte. Vor seinem Tod gab er seinem Sohn einen letzten Rat: »Diene einem weisen Herrscher und keinem törichten; heirate eine rücksichtsvolle Frau und keine egoistische; freunde dich mit tugendhaften Menschen an und meide die bösen.«

Doch der Sohn war so jung und ungestüm, dass er den väterlichen Rat auf den Prüfstand stellen wollte.

Deshalb entschied er, mit voller Absicht einem törichten König zu dienen und eine egoistische Frau zu ehelichen. Allerdings schloss er Freundschaft mit einer tugendhaften Person.

Als er eines Tages den König in die Berge begleitete, schlugen die beiden ihr Lager in einer Höhle auf. Mitten in der Nacht schlich sich ein Tiger in ihr Quartier und schickte sich an, den König zu fressen. Doch in letzter Sekunde ging der Sohn dazwischen, erlegte den Tiger mit seinem Schwert und rettete dem König das Leben.

Dann sagte er zum König: »Ich habe Euch das Leben gerettet, und eines Tages sollt Ihr es mir vergelten.« Soeben dem Tod entronnen, willigte der König nur allzu gern ein.

Doch im Laufe der Zeit vergaß er sein Versprechen, und nichts deutete darauf hin, dass er sich je bei seinem heldenhaften Diener erkenntlich zeigen würde. Diesen erboste das so sehr, dass er den Lieblingspfau des Königs stahl, um ihn gemeinsam mit seiner Frau zu verspeisen. All das gestand er später seinem tugendhaften Freund.

Todtraurig über seinen Verlust versprach der König dem Finder des Pfaus die Hälfte seines Reiches. Edel und gütig, wie er war, verriet der Tugendhafte seinen Freund nicht. Anders jedoch die Gattin des Sohnes: Sie berichtete dem König alles.

Gefangen und kurz davor, zum Tode verurteilt zu werden, sagte der Sohn zum Herrscher: »Ja, es entspricht der Wahrheit, dass ich den Pfau getötet habe. Doch Ihr müsst mir verzeihen, schließlich habe ich Euch einst das Leben gerettet.«

»Ich habe so viele Diener«, höhnte der König. »Wie sollte ich da jede Freundlichkeit erwidern? Du hast meinen Pfau getötet, und deshalb musst du sterben!«

Glücklicherweise hatte der gute Freund des Sohnes in den Bergen einen Pfau aufgetrieben, der dem des Königs bis auf die Feder glich, und übergab ihn dem Herrscher gerade noch rechtzeitig. »Eure Majestät, bitte bezähmt Euren Ärger. Denn hier ist er doch wieder, Euer Pfau!«, rief er. Nachdem er »seinen« Vogel wiederhatte, vergaß der König ganz, die Exekution vornehmen zu lassen.

Nach diesem Vorfall beschloss der Sohn, den Rat seines Vaters auch in umgekehrter Richtung zu prüfen. Er trat in den Dienst eines weisen Königs und heiratete eine rücksichtsvolle Frau, doch schloss er Freundschaft mit einem verdorbenen Mann.

Während eines Ausritts erschrak das Pferd des Königs, ging durch und rannte davon, bis sie sich völlig verirrt hatten. Nach einigen Stunden bekamen der Sohn und der König unerträglichen Hunger und Durst. Der Sohn hatte zwei Stachelbeeren dabei, und eine davon gab er dem König. Dankbar versprach dieser, sich für diese freundliche Geste erkenntlich zu zeigen. Kurz darauf fanden sie die Orientierung wieder und ritten zum Palast zurück.

Um auch diesen König auf die Probe zu stellen, entführte der Diener dessen geliebten Sohn. Er nahm dem Jungen die Kleidung ab, übergab sie seinem bösen Freund und sagte: »Ich habe den Prinzen getötet.« Dann bat er seine Frau, sich um den Sohn des Königs zu kümmern. Voller Trauer um sein Lieblingskind ließ der Herrscher im ganzen Reich verkünden, dass für Informationen über seinen Verbleib eine hohe Belohnung ausgesetzt sei.

Als er davon hörte, verriet der böse Freund den Sohn, ohne zu zögern. Da den König diese Aussage nicht recht überzeugte, ließ er den Beschuldigten rufen und zu den Vorwürfen Stellung nehmen. Der Sohn gab sofort zu, den Prinzen getötet zu haben, und bat den König um Verzeihung. Klagend sagte dieser: »Mein armer Junge hatte nur so ein kurzes Leben. Doch daran würde sich ja auch nichts ändern, wenn ich dich töten ließe. Deshalb verzeihe ich dir und revanchiere mich damit zugleich für die Freundlichkeit von damals.«

Überzeugt, dass der König tatsächlich ein weiser Herrscher war, der die Güte anderer zu schätzen wusste und sie erwiderte, sagte der Sohn dem König die ganze Wahrheit und bat seine Frau, den Prinzen zurückzubringen. Dass der Sohn nach all diesen Erfahrungen nun vollkommen vom Wahrheitsgehalt des väterlichen Ratschlags überzeugt war, versteht sich beinahe von selbst.

Natürlich können wir nicht darauf bestehen, dass jemand unsere Freundlichkeit schätzt und sie erwidert, wenn wir dies selbst nicht tun. Also: Ist ein Gefallen noch so klein, den uns jemand tut, sollten wir uns doch schnellstmöglich revanchieren und nie vergessen, was der andere für uns getan hat. Und angenommen, wir können den Gefallen nicht auf gleiche Weise erwidern, sollten wir ihn wenigstens wertschätzen und im Gedächtnis bewahren.

Über Fehler schweigen

»Irren ist menschlich«, sagt man, und nirgendwo auf der Welt gibt es einen Menschen ohne Fehl und Tadel. Sprechen Sie nicht über die Schwächen anderer, selbst wenn Sie sich darüber aufregen, und verbreiten Sie auch keinen Tratsch über das Privatleben Ihrer Mitmenschen.

In Jin Yings *Anthology of Proverbs* sagt Meister Hongyi: »Wer in Ruhe dasitzt, denke an seine eigenen Fehler. Beim Plaudern vermeide man, die Unzulänglichkeiten anderer anzusprechen.«

Und: »Meine Zeit reicht ja nicht einmal dafür, mir meine eigenen Fehler täglich vor Augen zu führen. Wie sollte ich da Muße haben, die Unzulänglichkeiten anderer zu kritisieren?«

Genau darauf scheinen manche jedoch sehr erpicht zu sein. Sobald sie auch nur das kleinste Fitzelchen Klatsch und Tratsch aufschnappen, schmücken sie es aus, um es voller Hochgenuss in die ganze Welt hinauszuposaunen. Und wenn sie wütend auf jemanden sind, beschimpfen sie den Betreffenden, zählen alle seine vermeintlichen Fehler auf und zerreißen sich das Maul über ihn. So ein Verhalten ist destruktiv. Wie die

Weisen des Altertums sagten: »Sprich die Schwächen anderer nie im Zorn an.« Wenn Ihnen an Tugendhaftigkeit gelegen ist, sollten Sie unter allen Umständen darauf achten, Ihre Zunge im Zaum zu halten.

Es war einmal eine wohlhabende Frau mit einem weisen Diener. »Geh auf den Markt«, bat sie ihn eines Tages, »und besorg das *Beste*, was du dort finden kannst.« Der Diener ging zum Markt und kam mit einer Zunge wieder. Darauf sagte die Frau zu ihm: »Geh noch einmal auf den Markt und bring mir das *Schlechteste* mit, das du finden kannst.« Ein weiteres Mal begab sich der Diener zum Markt. Und erneut kam er mit einer Zunge zurück.

Auf die Frage der Frau, wieso er denn beide Male eine Zunge vom Markt mitgebracht habe, erwiderte der Diener: »Die Zunge ist Ursprung sowohl der Tugend als auch der Lasterhaftigkeit. Benimmt sie sich gut, gibt es nichts Besseres; benimmt sie sich daneben, reicht an Schlechtigkeit nichts an sie heran.«

Der Geist entscheidet, ob das, was wir sagen, tugendhaft ist. Denn unser Denken bestimmt, was wir sagen. Um unsere Zunge zu kontrollieren, müssen wir zuerst die innere Tugend pflegen. Denn ist der Geist diszipliniert, wird auch unsere Rede es sein.

Deshalb halten die Tugendhaften den Mund, wenn sie vom schlechten Verhalten anderer erfahren, und verkneifen sich jeglichen Kommentar. Oder wie es die Figur des Viduras im *Mahabharata* ausdrückt: »Die höchste Tugend ist eine gezügelte Zunge.«

An andere denken

Wer sich selbst immer an erster Stelle sieht, macht sich keine Freunde. Und zu einem Buddha kann man erst werden, wenn man ein guter Mensch geworden ist. Natürlich versteht jeder etwas anderes unter einem »guten Menschen«. Manche meinen, dafür brauche es Sanftmut und Fleiß. Die einen glauben, es komme vor allem auf ein weiches Herz an, andere denken eher an eine starke, aufrechte Persönlichkeit. Nicht so mein Lehrer. Bei ihm musste man sich an die folgenden Anweisungen halten, wenn man ein guter Mensch werden wollte.

Mit anderen in Harmonie leben

Das bedeutet, dass wir die Vorgesetzten respektieren, die Harmonie mit Gleichrangigen suchen und uns um die kümmern, die uns unterstellt sind. Letztlich sollen wir uns also um den bestmöglichen Umgang mit allen bemühen. Niemandem mit Zorn begegnen und in keiner Gruppe, der wir angehören, für Konflikte sorgen.

Das heißt nicht, dass wir keine eigenen Meinungen oder Prinzipien haben dürften. Dass wir unterwürfig sein müssten, wenn andere wütend auf uns sind. Es bedeutet nicht, uns blind den Wünschen anderer zu unterwerfen. Vielmehr sollen wir unser Verhalten am Dharma ausrichten und unseren Geist disziplinieren. Meinungsverschiedenheiten und Konflikte sind unvermeidbar. Doch mit einer aufrechten Haltung und mit Achtsamkeit kommt man eigentlich mit fast jedem gut aus.

Eine tibetische Metapher lautet: »Wenn hundert Yaks den Berg hochlaufen, bestehen die Gahas (eine minderwertige Rinderrasse) darauf, ins Tal hinab zu rennen.« Leute mit einem schwierigen Charakter sorgen häufig für Unruhe. Es kommt vor, dass sie sich im Bus mit den anderen Fahrgästen anlegen, sodass alle erleichtert sind, wenn sie aussteigen.

Natürlich reicht ein erster Eindruck nicht, um die Persönlichkeit eines Menschen zu beurteilen. Manche wirken zunächst sehr freundlich, enttäuschen aber nach einer Weile. Andere scheinen dagegen auf den ersten Blick schwierig zu sein und legen dann ein so beeindruckendes Verhalten an den Tag, dass sie das Vertrauen ihrer Mitmenschen gewinnen. Nicht von ungefähr sagt man auch: »Während eines weiten Rittes zeigt sich die Stärke des Pferdes, und der Mensch offenbart sein Herz im Laufe einer langen Bekanntschaft.«

Tugendhaftes Sprechen und Handeln

Bei jeder Art von Auseinandersetzung sind die objektiven Fakten entscheidend. Manche Leute platzen sofort mit allem heraus, was sie ärgert oder was ihnen in den Sinn kommt, und halten das für Aufrichtigkeit. Dabei sprechen sie lediglich aus, was sie denken. Wirklich tugendhaftes Reden dagegen bedeutet, Konflikte gerecht zu lösen. Vermeiden Sie deshalb jede Voreingenommenheit und ergreifen Sie nur für die Seite Partei, für die auch die Fakten sprechen, unabhängig von der gesellschaftlichen Stellung der Beteiligten.

Das Beispiel des legendären Richters Bao Gong, der den Schwiegersohn des Kaisers zum Tod verurteilte, ist in China weithin bekannt. Statt das Recht zu beugen und das Vertrauen der Menschen in die Obrigkeit zu gefährden, riskierte Bao Gong, den Herrscher zu verärgern und dadurch seine Position zu verlieren. Um der Gerechtigkeit willen. Wenn wir uns an solchen Beispielen orientieren, werden wir immer ein reines Gewissen haben, auch wenn andere uns dafür verkennen, schikanieren oder verleumden.

Die richtigen Motive

Wer zwar in Einklang mit anderen lebt, aber negative Motive hat, hat keine Chance, ein guter Mensch zu werden. Manche sprechen zwar klar und argumentieren logisch, sie sind insgeheim aber durch und durch böse.

Alles, was sie tun, ist vergeblich, denn der Geist ist die Wurzel von allem. Wie schon der tibetische Meister Tsongkhapa sagte: »Ein gütiges Herz bereitet der Tugend den Weg, Niedertracht dagegen zieht nichts als Böses nach sich.«

Auf diese Prinzipien kommt es an. Eines aber fügte mein Lehrer noch hinzu: »Wenn du dir selbst etwas Gutes tun willst, dann tu etwas für andere.« Normalen Menschen ist es nicht möglich, sich selbst vollkommen zu ignorieren. Doch gilt es zu bedenken: Sollte unsere Selbstbezogenheit jemand anderem schaden, kommen wir nie ans Ziel unserer Wünsche.

Im Flugzeug saß ich einmal neben einem jungen Mann, der mir sehr intelligent vorkam und, wie sich herausstellte, Geschäftsführer einer Firma war. Obwohl er keinen Zweifel daran ließ, dass er nicht an den Buddhismus glaubte, stimmten wir doch in einigen Punkten überein. So sagte er zum Beispiel: »Wir alle sollten gute Menschen sein und anderen helfen. Um erfolgreich ein Unternehmen führen zu können, *müssen* wir den Menschen um uns herum sogar helfen – anders ist ein Überleben kaum möglich. Die Leute sind ja nicht dumm. Also bemerken sie es, wenn ich nur auf meine eigenen Interessen aus bin. Doch so erreiche ich gar nichts.« Es war sehr vernünftig, was er da sagte. Denn egal, was Sie auch tun: Wer sich selbst immer an vorderster Stelle sieht, macht sich keine Freunde. Wer aber anderen nach Kräften hilft, gewinnt ihren Respekt.

Mein Lehrer sagte: »Im Laufe der Jahre ist mir aufgefallen, dass viele gar nicht wissen, was es heißt, ein guter Mensch zu sein. Tag für Tag kümmern sie sich ganz egoistisch nur um sich selbst. Und traurig, aber wahr: Solange sie sich so verhalten, werden ihre Wünsche nie in Erfüllung gehen.

Ein junger Mensch zum Beispiel, der sich verliebt, versucht, den Partner oder die Partnerin unter Kontrolle zu halten, und verhält sich sehr besitzergreifend. Und was kommt dabei heraus? Genau das Gegenteil von dem, was er sich wünscht. Ein anderer dagegen unterstützt den Menschen, den er liebt, von ganzem Herzen, unterstützt ihn aus voller Seele bei seiner Entfaltung. Und verschafft sich so über kurz oder lang einen Logenplatz in dessen Gefühlswelt.«

Wie schade, dass nur so wenige das verstehen.

Kein Ohr für Schmeicheleien

Manche Menschen sind sehr geschickt darin, anderen zu schmeicheln und ihnen Komplimente zu machen. Vor allem Personen in Machtpositionen sind oft von einer Schar serviler Menschen umgeben, die ihnen jeden Wunsch von den Augen ablesen und sie von morgens bis abends lobpreisen. Eitle oder unsichere Leute mögen Gefallen an diesen Schmeicheleien finden, wer jedoch über ein gewisses Maß an Weisheit verfügt, fühlt sich nicht wohl, wenn ihm so viel Honig um den Bart geschmiert wird.

Irgendwann in den 1980er-Jahren saß ein junges Mädchen, das gerade mit der Uni fertig war und einen Job suchte, im Zug auf der Fahrt nach Hause. Sie konnte es kaum erwarten, wieder heimzukommen, sorgte sich aber auch um ihre Zukunft. An einer Bahnstation stieg eine einfach gekleidete Frau mit einem Baby auf dem Arm ein und setzte sich neben die junge Akademikerin. Nach einer Weile begann sie ein Gespräch.

»Sie sehen aus, als kämen Sie aus einer sehr gebildeten Familie, junge Frau. Sie sind bestimmt Wissenschaftlerin oder Ärztin, nicht wahr?«

»Nein, ich habe gerade erst den Bachelor gemacht.«

»Wie dem auch sei, ich beneide Sie. Als ich noch jünger war, hätte ich auch gern studiert, aber meine Eltern waren so arm, dass ich nur ein paar Tage lang zur Schule gehen konnte. Nicht einmal meinen Namen kann ich schreiben. Das macht mich sehr traurig. Später habe ich dann einen kleinen Laden aufgemacht und ein bisschen was verdient. Freunde haben mir geraten, ein weiteres Geschäft zu gründen, da ich aber praktisch keine kaufmännischen Kenntnisse habe, fürchte ich, übers Ohr gehauen zu werden. Jetzt fahre ich gerade in die Stadt, um einen Vertrag zu unterschreiben. Und frage mich ... ob Sie mir dabei wohl behilflich sein könnten? Ich komme selbstverständlich für alle Ihre Auslagen auf. Und vielleicht wollen Sie das Geschäft ja sogar mit mir zusammen führen? Ich wäre bereit dazu. Ich habe Geld. Und Sie die Intelligenz, das sieht man ja sofort. Und auch, dass der Erfolg nur auf Sie wartet.«

Geschmeichelt willigte das junge Mädchen ein. Die Frau bat sie, an der nächsten Haltestelle mit ihr auszusteigen, und tätigte einen Anruf. »Sie müssen müde sein, gehen wir erst einmal zum Haus meiner Tante und ruhen uns ein wenig aus«, sagte sie danach. Mit dem Bus fuhren die beiden in ein Dorf. Dort traten sie in einen von hohen Mauern umgebenen Hof und wurden von einem Mann mittleren Alters zum Haus geführt. Nach einer kurzen Unterredung übergab er der Frau ein Päckchen. Diese sagte zu der jungen Akademikerin: »Machen Sie es sich bequem. Wie mir mein Cousin gerade mitteilt, ist meine Tante erkrankt; ich würde deshalb gern nach ihr schauen. Bleiben Sie doch hier, ich bin gleich zurück.«

So wartete und wartete das Mädchen. Doch die Frau kam nicht wieder. Sie war Menschenhändlerin und hatte dem Mann das Mädchen als künftige Ehefrau verkauft. Irgendwann gelang der jungen Akademikerin schließlich die Flucht und sie erzählte jedem von ihrem traumatischen Erlebnis.

Viele schließen heutzutage ziemlich gedankenlos neue Freundschaften. Sie lassen sich von Nettigkeiten und leeren Versprechungen einlullen. Und später jammern sie: »Ich war ja so naiv! Aber wer hätte denn das auch wissen sollen!« Lassen Sie sich von Schmeicheleien also nicht blenden und Ihr Urteilsvermögen nicht einschränken.

Vom Umgang mit törichten Zeitgenossen

Beziehungen zu groben oder törichten Menschen laden den Frust geradezu ein. Jede Bemerkung, die Sie im Streit mit solchen Leuten fallen lassen, bekommen Sie zehnfach zurück. Manche sagen vielleicht: »Solche Menschen lassen sich nun mal nicht umgehen.« Das mag ja auch stimmen, aber trotzdem können Sie ihnen mit Geduld begegnen, indem Sie entweder schweigen oder ihnen vorläufig nur nach dem Mund reden.

Zwei missmutige Menschen stritten einst den ganzen Tag lang über irgendeine Kleinigkeit. Als sie bei Sonnenuntergang noch immer zu keiner Einigung gelangt waren, gingen sie auseinander. Der eine suchte am Abend einen der Dorfältesten auf und erzählte ihm, was sich zugetragen hatte. Als er fertig war mit seinem Bericht, lächelte ihn der Dorfälteste an und sagte: »Da habt Ihr vollkommen recht.« Der Mann war zufrieden und ging nach Hause.

Später am Abend suchte auch der zweite Streithahn den Dorfältesten auf und versuchte, ihn von seiner Position zu überzeugen. Lächelnd bestätigte ihm der Älteste im Anschluss: »Da liegt Ihr ja allem Anschein nach ganz richtig.« Auch dieser Mann war zufrieden, als er sich auf den Heimweg begab.

Verwirrt erkundigte sich der Diener des Dorfältesten: »Warum habt Ihr denn beiden beigepflichtet? Und wenn alle zwei im Recht waren, warum haben sie dann überhaupt gestritten?«

»Der Gegenstand ihres Streits spielte überhaupt keine Rolle«, entgegnete der Dorfälteste. »Aber wenn sie weiter zanken, machen sich die beiden nur unglücklich. Vernünftige Argumente sind bei solchen Leuten schlichtweg vergeudet. Und zugestimmt habe ich ihnen nur, damit sie zufrieden sind.« Der Streit war damit übrigens tatsächlich beendet.

Wenn die einen nur um des Streitens willen streiten und um die Oberhand zu gewinnen, schüttelt der Weise bloß den Kopf. Ganz so, als würde er Kindern zuschauen, die sich über ihr Spielzeug in die Haare kriegen.

Die Folgen negativer Beeinflussung

Negative Menschen schaden nicht nur Ihnen persönlich, sondern auch Ihrer buddhistischen Praxis. Das Kultivieren guter Eigenschaften ist schwierig, dem Laster aber fällt man leicht anheim. Selbst weise Menschen können sich zu unethischen Handlungen hinreißen lassen, wenn sie die Menschen, mit denen sie sich umgeben, nicht sorgfältig auswählen. In Gungthangpas *Gleichnissen von Bäumen und Wasser* heißt es:

Auch der majestätischste Baum fällt,
wenn seine Wurzeln überflutet werden.
Und von falschen Freunden werden
selbst tugendhafte Menschen mit den besten Eigenschaften heruntergezogen.

In den *Siebenunddreißig Übungen eines Bodhisattva* von Gyalse Thogme Sangpo steht: »In Gegenwart schlechter Freunde nehmen die drei Geistesgifte zu. Die Aktivitäten des Studierens, Nachdenkens und Meditierens nehmen ab. Infolgedessen gehen Liebe und Mitgefühl verloren. Es ist Praxis des Bodhisattvas, schlechte

Freunde aufzugeben.« Anders ausgedrückt: Sobald wir bemerken, dass eine Freundschaft unser Leiden vermehrt und uns vom Pfad der Liebe und des Mitgefühls wegführt, sollten wir ernsthaft erwägen, diese Freundschaft aufzugeben. Denn wir müssen unsere Freunde weise wählen.

Liu Yiqings *New Account of the Tales of the World* enthält eine Geschichte über die beiden Freunde Guan Ning und Hua Xin. Sie aßen am selben Tisch, lernten im selben Raum und schliefen im selben Bett, als wäre der eine der Schatten des anderen. Beim Unkrautjäten stieß Guan Ning eines Tages auf einen Goldbarren. Er schenkte ihm jedoch keinerlei Beachtung und jätete ungerührt weiter. Als Hua Xin dies bemerkte, ließ er seine Hacke fallen und rannte los, um sich das Gold zu schnappen.

Guan Ning arbeitete weiter und ermahnte seinen Freund: »Zu Wohlstand musst du es durch eigene Anstrengungen bringen. Kein moralisch denkender Mensch sollte Besitz erstreben, den er ohne Arbeit erlangt.« Als er das hörte, hielt Hua Xin inne und begab sich wieder ans Unkrautjäten. Das Gold liegen zu lassen frustrierte ihn allerdings erheblich. Guan Ning bemerkte dies zwar, aber er sagte nichts mehr, sondern schüttelte nur unmerklich den Kopf.

Ein andermal saßen die beiden auf derselben Matte und lasen, wie sie es oft taten, als sie draußen einen Tumult hörten. In Begleitung vieler Menschen, die auf Gongs und Trommeln schlugen, defilierte ein hoher Offizieller am Haus vorbei. Der Lärm störte die

Konzentration der beiden Freunde. Doch Guan Ning las weiter, als sei überhaupt nichts. Um Hua Xin war es jedoch geschehen. Jammernd, dass er die Prozession nicht beobachten konnte, hörte er auf zu lesen und rannte auf die Straße hinaus, um sich dem Festzug anzuschließen.

Das enttäuschte Guan Ning so, dass er die gemeinsame Sitzmatte in der Hälfte durchschnitt, als Hua Xin zurückkam. Er sagte: »Unsere Ziele und Absichten unterscheiden sich allzu sehr. Von jetzt an sind wir getrennte Leute – wie die beiden Teile dieser Sitzmatte.«

Wenn Sie sich mit undisziplinierten Menschen umgeben und wiederholt beobachten, dass sie aus reinem Eigennutz ihre Rechtschaffenheit aufs Spiel setzen, kann das auch bei Ihnen falsche Ansichten verstärken und Ihre buddhistische Praxis in Mitleidenschaft ziehen.

Die Vorteile einer reinen Wahrnehmung

Für uns gewöhnliche Menschen sind die vom Verstand projizierten Erscheinungen meist unrein. Und nicht von ungefähr sagen die großen Meister: »Buddhas sehen in jedem fühlenden Wesen einen Buddha, Dämonen betrachten alle fühlenden Wesen als Dämonen, und für die gewöhnlichen Menschen sind alle fühlenden Wesen gewöhnlich.« Wir sollten kein vorschnelles Urteil fällen, wenn wir jemanden für aggressiv halten, da wir nicht vor einer falschen Wahrnehmung gefeit sind.

Manche sind leicht zu reizen und haben ein ausgesprochenes Händchen dafür, die Fehler ihrer Mitmenschen zu diagnostizieren. Sie sehen die Laus auf dem Gesicht der anderen, doch für den Yak im eigenen sind sie blind. Ihre eigenen Fehler würden sie nicht einmal dann wahrnehmen, wenn sie so riesig und unübersehbar wären wie der heilige Berg Meru.

Im Buch *Treasury of Aphorisms* heißt es: »Die Edlen untersuchen ihre eigenen Fehler, während die Geringeren nur Augen für die Schwächen der anderen haben.« Tugendhafte Menschen bleiben innerlich stets ganz bei sich, um ihre Tugend zu vervollkommnen. Doch

Menschen mit einem nicht zu bändigenden Geist orientieren sich permanent am Außen und suchen pausenlos bei anderen nach Unzulänglichkeiten. Sie belauern ihr Umfeld mit Argusaugen, sodass ihnen auch nicht die Spur eines Fehlers entgeht. Manchmal bedienen sie sich sogar einer Lupe, um auch ja den Knochen im Ei zu finden, wie man in China gern sagt. Für die Vorzüge der anderen sind sie blind, doch wann immer sie etwas an ihnen auszusetzen haben, tun sie so, als wären sie auf einen Millionenschatz gestoßen.

Wie Sie wahrscheinlich wissen, lässt sich der Grad der Verwirklichung eines Menschen nicht anhand äußerer Eindrücke beurteilen. Die 84 tantrischen Mahasiddhas (»die großen Adepten«) im alten Indien verhielten sich äußerlich ganz und gar nicht dem Dharma gemäß. Manche von ihnen waren Metzger oder Prostituierte, andere gingen den untergeordneten Arbeiten der niederen Kasten nach. Doch ihre Weisheit und ihre Verdienste stellten die der gewöhnlichen Menschen weit in den Schatten. Sie wirkten ganz normal, innerlich aber waren sie große Bodhisattvas.

Wie es heißt, führt es zu negativem Karma, wenn man sich schlecht über den Erleuchteten äußert. Und da die Leute nicht immer sind, was sie zu sein scheinen, sollten wir also tatsächlich nie vorschnell urteilen. Ein Aschehäufchen kann total harmlos aussehen, befindet sich darin jedoch noch der eine oder andere Funke, können Sie schnell ein Opfer der Flammen werden.

Es ist besser, die eigenen Fehler kennenzulernen, statt die der anderen. Denn wenn Sie sich Ihrer

Unzulänglichkeiten bewusst werden, können Sie sie beheben. Suchen Sie aber bei anderen nach Fehlern, erkennen Sie in ihnen die rettende Kraft nicht, auch wenn es sich um wahrhaftige Buddhas oder Bodhisattvas handelt. Die Weisen befleißigen sich einer reinen Wahrnehmung aller.

Mit Kritik arbeiten

Konstruktive Kritik sollte man annehmen und in der Person, von der sie stammt, nach Möglichkeit einen Freund oder Lehrer sehen. Seien Sie denen dankbar, die Ihnen Ihre Fehler aufzeigen, und arbeiten Sie freudig an sich selbst. So vermeiden Sie es, ausgerechnet die Leute zu verprellen, die Ihnen die größte Hilfe sind. Sollten Sie dagegen keine Kritik zulassen und nicht bereit sein, Ihre Fehler zu überdenken, sondern sich stattdessen in eine Art wütende Abwehrhaltung hineinsteigern, werden die wohlmeinenden Freunde über kurz oder lang aufgeben und sich von Ihnen abwenden.

Schon drei Monate, nachdem Konfuzius begonnen hatte, für den König von Lu zu arbeiten, herrschten Ordnung und Frieden im Staat. Angeblich war es sogar so friedlich, dass nicht einmal mehr auf der Straße verloren gegangene Gegenstände entwendet oder die Haustüren nachts zugesperrt wurden. Alle Waffen wurden weggeschlossen und die Pferde in den Bergen freigelassen. Im ganzen Staat herrschte Frieden. Der König des Nachbarstaates Qi war neidisch auf die Erfolge, die Konfuzius mit seinen Maßnahmen hatte. Und um der wachsenden Stärke Lus einen Riegel vorzuschieben, suchten die Minister von Qi nach Möglichkeiten, die Regierung des Nachbarstaates zu destabilisieren.

Auf welche Idee sie zu diesem Zweck kamen? Sie schickten eine Gruppe schöner Frauen, die gut singen und tanzen konnten, an den Königshof von Lu. Mit sinnlichen Vergnügungen sollte der König abgelenkt werden, sodass er keine Energie mehr hätte, sein Land zu führen. Und ganz wie erhofft verbrachte der König von Lu tatsächlich Tag und Nacht mit Tanzen, Singen und Trinken im Kreise der verführerischen Damen. Er vernachlässigte alles andere und zeigte sich ganze drei Tage lang nicht einmal mehr bei Hofe.

Konfuzius tadelte den König und hielt ihn in aller Strenge an, nicht so nachlässig zu sein. Doch der König wies den Rat zurück. Blind für seine Fehler, befahl er Konfuzius, sich um seine eigenen Angelegenheiten zu kümmern. Für diesen war Lu daraufhin Geschichte, er kündigte und die Zwietracht machte sich wieder breit im Königreich Lu.

Da selbst erfolgsverwöhnte, disziplinierte Menschen mitunter keinen Blick für ihre Schwächen haben, ist es wichtig, dass sie von anderen darauf hingewiesen werden. Sie werden wütend, wenn jemand Sie auf Ihre Fehler aufmerksam macht? Sind nur zufrieden, wenn Sie mit Komplimenten bedacht werden? Dann nutzen Sie nicht die Möglichkeit, Ihre Fehler zu korrigieren. Und sowohl Ihre Rede als auch Ihr Handeln verkommen allmählich. Ist es erst einmal so weit gekommen, dauert es auch nicht mehr lange, bis sich die hilfreichen Freunde von einst von Ihnen zurückziehen.

Treue Freunde

Manchmal ist es gar nicht so einfach, hilfreiche Gefährten von gefährlichen zu unterscheiden. Besonders schwer lässt sich die Echtheit einer Freundschaft beurteilen, solange alles gut läuft. Wahre Zuneigung zeigt sich in schwierigen Zeiten.

Äsop hat das in einer seiner Fabeln sehr schön illustriert: Zwei Freunde gingen gemeinsam ihres Weges, als sie einem Bären begegneten. Ganz in der Nähe stand ein Bäumchen, und schnell rettete sich der eine auf den Baum. Seinem Begleiter blieb nichts anderes übrig, als sich zu Boden fallen zu lassen, den Atem anzuhalten und sich tot zu stellen. Der Bär näherte sich und schnüffelte an ihm. Doch da Bären, wie es immer heißt, kein Aas fressen, trollte er sich auch schnell wieder. Als der Freund den Baum wieder heruntergeklettert war, fragte er seinen Begleiter: »Was hat dir der Bär eigentlich ins Ohr geflüstert?«

»Einen Rat hat er mir gegeben«, lautete die Antwort. »Und zwar den, nie mit jemandem auf Reisen zu gehen, der einen bei der ersten Gefahr im Stich lässt!« Ja, wer ein wirklicher Freund ist, stellt sich oft erst in einer Krise heraus.

Ich habe einmal von einem einflussreichen Regierungsbeamten gehört, der häufig Besuch bekam. »Dein Haus ist ja immer voller Leute. Aber wie viele richtige Freunde hast du eigentlich?«, wollte ein Nachbar von ihm wissen.

»Stell mir diese Frage noch einmal, wenn ich meine jetzige Position nicht mehr innehabe«, antwortete der Beamte.

Solche Erfahrungen machen viele. Solange Sie rundum erfolgreich sind, genießen Sie großen Respekt und alle suchen Ihre Gesellschaft. Doch sobald Sie einmal ins Straucheln geraten oder krank werden, sind womöglich nur noch ganz wenige bereit, Ihnen zu helfen.

Unsere verlässlichsten Freunde sind oft die, die wir schon am längsten kennen. Getreu dem alten Sprichwort: »So wie sich der Geschmack von Wein mit der Zeit verbessert, ist es auch mit Freundschaften.« Freunde, die sich schon seit vielen Jahren nahestehen, wird immer eine tiefe Zuneigung verbinden. Und während wir uns vor den nicht tugendhaften Freunden in Acht nehmen müssen, sollten wir unsere alten Freunde schätzen und sie nicht aus einer Laune heraus aufgeben.

Der wahre Wert einer Freundschaft besteht darin, einander zu korrigieren und zum Einschlagen eines besseren Weges zu ermutigen. Da uns kaum jemand besser kennt als unsere langjährigen Freunde, können sie eine große Hilfe sein. Wir sollten nicht mit ihnen über Kleinigkeiten streiten oder einen Sturm im Wasserglas auslösen. Denn schon unsere Vorfahren sagten völlig zu Recht: »Erinnere dich des lange Gewachsenen und gib es nicht auf.« Sie ermahnten uns, Altes nicht zu vergessen und es wertzuschätzen.

Viele Kaiser, wie etwa Liu Xiu, Kaiser Guang Wu in der Han-Dynastie und Zhu Yuanzang, Gründer der Ming-Dynastie, sind berühmt dafür, dass sie ihre alten Freundschaften nicht einmal aufgaben, nachdem sie das »Mandat des Himmels« erhalten hatten.

Als beispielsweise Zhu Yuanzang zum Kaiser ernannt wurde, bat er seine Untertanen, im ganzen Reich nach Tian Xing zu suchen, mit dem er in seiner Jugend das Vieh gehütet hatte. In einem Brief, den er ihm eigenhändig schrieb, heißt es: »Kaiser ist Kaiser, Zhu Yuanzang ist Zhu Yuanzang. Und glaube nicht, dass ich nun, da ich Kaiser bin, meinen alten Freund vergessen würde.«

Doch manche Menschen werden wankelmütig, wenn sie etwas erreicht haben. Für sie sind alle neuen Kontakte besonders interessant, während die alten als langweilig empfunden werden. Diese behandeln sie lieblos und wollen nur noch Freunde, die sie aufregend finden. Was dazu führen kann, dass sie nur noch von Menschen mit Hintergedanken umgeben sind. Fazit: Alte Freunde sollte man nicht leichtfertig aufgeben, neuen nicht vorschnell vertrauen. Beziehungen, die sich im Laufe von Jahren gefestigt haben, sind am ehesten geeignet, auch harte Prüfungen zu überstehen.

Unwissenheit ist keine Schande

Der konfuzianische Philosoph Han Yu sagte einmal: »Menschen sind nicht dafür gemacht, alles zu wissen.« Es gibt vieles, was wir nicht wissen, und das ist kein Grund, um sich schämen zu müssen. Weise sind bescheiden, neugierig und stets bereit, wieder zu Schülern zu werden und Neues zu lernen. Narren dagegen schämen sich, Fragen zu stellen, weil sie glauben, damit ihre Unwissenheit zu offenbaren. Dabei ist Unwissenheit keine Schande.

Konfuzius sagt: »Wissen heißt wissen, Unwissenheit heißt nicht wissen, und auch das ist etwas, was man wissen muss.« Wenn Sie etwas wirklich wissen, dann können Sie auch darüber sprechen. Wissen Sie aber etwas nicht, sollten Sie einfach zu dieser Wissenslücke stehen.

Dem Nobelpreisträger für Physik Ding Zhaozhong wurden während einer Vorlesung drei Fragen gestellt, die er alle mit »Ich weiß es nicht« beantwortete. Sie lauteten:

»Glauben Sie, dass die Menschheit eines Tages in der Lage sein wird, dunkle Materie und Antimaterie im Weltraum aufzuspüren?«

»Ich weiß es nicht.«

»Könnten Sie den wirtschaftlichen Wert Ihrer wissenschaftlichen Experimente beziffern?«

»Ich weiß es nicht.«

»Können Sie sagen, wie sich die Physik in den nächsten 20 Jahren weiterentwickeln wird?«

»Ich weiß es nicht.«

Zuerst waren die Zuhörer von diesen Antworten überrascht, dann jedoch brachen sie in Beifall aus. Ding Zhaozhong hätte nicht einräumen müssen, dass er es nicht wusste – er wäre jederzeit in der Lage gewesen, dem Publikum eine plausibel klingende Antwort zu geben –, doch entschied er sich für die unverblümte Wahrheit. In der Aussage »Ich weiß es nicht« offenbarte sich seine Integrität als Wissenschaftler.

Das Vertuschen eines Fehlers ist schlimmer als der Fehler selbst

Unbeabsichtigte Irrtümer sind Fehler, vorsätzliche Verfehlungen sind unmoralisch. Manchmal sind Menschen unvorsichtig oder schlecht ausgebildet, und das, was sie tun, ist nicht perfekt. Da sie aber niemandem schaden wollten, haben sie sich eher geirrt als unmoralisch gehandelt.

»Es gibt keine höhere Tugend als die der Wiedergutmachung eigener Fehler«, wussten schon die Alten. Fehler macht jeder, aber nicht jeder bekennt sich auch zu ihnen. Konfuzius lobte Yan Hui einst dafür, dass er keinen Fehler zweimal machte. Vielmehr überdachte er jeden Fehler, der ihm unterlief, korrigierte ihn und wiederholte ihn nie wieder.

Ein Schüler von mir machte einmal einen Fehler, ließ sich jedoch von Yan Huis Beispiel inspirieren und gestand ihn mir. »Bitte, gebt mir noch eine Chance«, bat er mich, »und wenn mir so etwas noch einmal passiert, esse ich meinen Hut!«

Und doch tat er es schon kurze Zeit später wieder. Als ich ihn fragte: »Erinnerst du dich noch, was du beim letzten Mal gesagt hast?«, ließ er den Kopf hängen und flehte inständig: »Dürfte ich wohl noch um eine letzte Chance bitten?«

Natürlich ist es nicht gut, einen Fehler zu wiederholen. Aber noch schlimmer ist es, ihn zu vertuschen. Das versuchen viele, doch die Menschen, die Wert auf ein ethisch tadelloses Verhalten legen, bemühen sich, ehrlich und aufrichtig zu sein. Unterläuft ihnen ein Fehler, bekennen sie sich dazu und geben sich alle Mühe, um ihn auszumerzen. Oder wie es in einem buddhistischen Sutra heißt: Auch die Nicht-Tugend hat eine gute Eigenschaft: Sie kann gereinigt werden.

3. Sicher ist nur der Verlust

So vieles glauben wir
nicht ablegen zu können.
Tun wir es dann doch,
stellt sich das Glück ein.

Die Vergänglichkeit ist gewiss

Alles, was zusammenkommt, fällt auch wieder auseinander. So will es das Gesetz der Vergänglichkeit. Die Menschen, die wir Tag für Tag sehen, kamen aufgrund bestimmter Ursachen und Bedingungen in unser Leben. Und an einem bestimmten Punkt werden sich unsere Wege auch wieder trennen. Philosophen des Altertums in China drückten es so aus: »Ganz gleich, wie tief empfunden die Güte unserer Eltern sein mag, irgendwann gehen wir auseinander. Ganz gleich, wie zugetan sich zwei Eheleute auch sein mögen, irgendwann kommt es zur Trennung. Unsere Leben sind wie Vögel, die auf ein und demselben Baum sitzen und bei Gefahr in verschiedene Richtungen auseinanderfliegen.«

In einem Buch habe ich die folgende Geschichte aus dem Leben von Thomas J. Watson Jr., des zweiten Chefs von IBM, gelesen. Er litt unter schweren Herzbeschwerden und nach einem weiteren Herzanfall riet ihm sein Arzt dringend, sich sofort ins Krankenhaus zu begeben. Watson lehnte das rundweg ab. »Wo soll ich denn die Zeit dafür hernehmen? IBM ist schließlich keine Provinzklitsche! Und so viele Entscheidungen, wie ich sie täglich treffen muss ... ohne mich ...«

»Lassen Sie uns einen kleinen Ausflug machen«, fiel ihm der Arzt ins Wort und bat Watson, ihn zu seinem Auto zu begleiten.

Als sie nach kurzer Fahrt einen Friedhof erreichten, deutete der Arzt auf die Gräber und sagte: »Eines Tages werden Sie und ich für immer hier liegen. Und wenn Sie nicht mehr da sind, wird ein anderen Ihren Job übernehmen. Ganz egal, wer stirbt, die Erde dreht sich immer weiter. Und IBM wird auch nach Ihrem Tod noch weiterexistieren.« Watson sagte kein Wort.

Doch am nächsten Tag nahm einer der mächtigsten Manager der Vereinigten Staaten seinen Abschied und begab sich ins Krankenhaus. Nach dem Klinikaufenthalt führte er ein ganz neues Leben voller Abenteuer und ausgedehnter Reisen. Und IBM ist auch heute noch ein Weltunternehmen.

Wenn etwas sicher ist, dann die Vergänglichkeit. Deshalb sollten wir unbedingt auf Veränderungen vorbereitet sein. Ganz gleich, wie gering unsere Lust aufs Sterben auch sein mag, der Tod wird uns finden. Und wenn es dann so weit ist, müssen wir sogar unseren allerwichtigsten Besitz zurücklassen – den Körper.

Der Punkt ist: Wir können Verluste überleben; und das gilt auch für den Tod. Jammern bringt da gar nichts. Wir müssen über den Tod nachdenken, bevor er eintritt, damit wir ihm ohne Bedauern oder Reue entgegensehen können. Wir werden von der Vergänglichkeit begleitet wie von unserem Schatten. Und ganz gleich, wie sehr wir uns gegen das Sterben sträuben: Früher oder später müssen wir unseren Körper verlassen. Das

Einzige, was wir in unser künftiges Leben mitnehmen, ist unser Karma, die Summe unserer Handlungen.

Materialisten sind meist nicht bereit, das zu akzeptieren, und denken ganz anders. Sie setzen den Buddhismus mit Eskapismus gleich. Dabei besteht der wahre Eskapismus darin, die Reinkarnation zu leugnen und keine Vorbereitungen für das nächste Leben zu treffen. Dieses Leben wird mehrere Jahrzehnte dauern, wenn wir Glück haben, aber das Glück und das Elend für Tausende von Jahren und für kommende Leben werden durch das Karma dieses Lebens bestimmt. Auch wenn Sie davon nicht ganz überzeugt sind – wie können Sie das Risiko eingehen und abstreiten, dass dies immerhin im Bereich des Möglichen liegt?

Das Schicksal unseres künftigen Lebens ist im Buddhismus von zentraler Bedeutung. Leider haben die meisten davon keine Ahnung. Und sogar viele Buddhisten sehen im Buddhismus lediglich eine auf Entspannungstechniken beruhende Methode zur Vermehrung von Glück und Zufriedenheit im gegenwärtigen Leben. Auf die entscheidende Thematik der Befreiung beziehungsweise des Glücks in zukünftigen Leben verschwenden sie keinen Gedanken. Bei Leuten, die unseren Glauben nicht teilen, ist das natürlich nachvollziehbar. Doch für Menschen, die sich schon lange als Buddhisten begreifen, und insbesondere für Anhänger des Mahayana-Buddhismus, stellt es ein ernsthaftes Problem dar, wenn sie die zukünftigen Leben vollkommen ausblenden. Es braucht Weisheit und Mut, um Überzeugungen zu vertreten, die im Widerspruch zu den eigenen Ansichten stehen. Manchmal erinnert diese Welt tatsächlich an die Geschichte, die Chandrakirti im Buch *Great Commentary on the Four Hundred Verses of the Middle Way* erzählt: Als alle Bewohner eines Landes nach dem Genuss giftigen Regenwassers verrückt wurden, hielten sie den König, der als Einziger bei Vernunft blieb, für irre – weil er sich nicht so verhielt wie alle anderen.

Viele wenden sich ab, wann immer vom Tod die Rede ist. Und wenn Dinge wie zukünftige Leben, Reinkarnation und die Hölle erwähnt werden, halten sie sich die Ohren zu und rufen: »Aufhören, aufhören! Ihr macht mir Angst! Lasst mich einfach in Ruhe glücklich sein. Ich will von alldem nichts hören!« Das ist der reinste Selbstbetrug. Offensichtlich muss noch viel Wasser die Flüsse hinabfließen, bis sich buddhistische Überzeugungen durchgesetzt haben.

Doch den Weisen ist klar, dass das Studium des Dharmas nichts Altmodisches ist, sondern aktueller denn je. Denn ob wir es uns eingestehen oder nicht: Es gibt sie, die vergangenen und die zukünftigen Leben. Und weil es so ist: Müssten wir dann nicht eigentlich langfristig planen? Zur Altersvorsorge schließen viele eine Lebensversicherung oder dergleichen ab. Ob sie aber auch daran denken, sich das Glück auch für die Zeit nach ihrem Tod zu sichern?

Sich von Wünschen verabschieden

Wünschen lässt sich endlos. Viele suchen ihr Lebensglück im Erwerb eines Hauses, eines Autos, in Ruhm, Wohlstand und Status. Tag für Tag strampeln sie sich ab, um das alles zu erreichen. Und dann? Wie viele Menschen sind wirklich glücklich und zufrieden, wenn sie haben, was sie wollten?

Es war einmal ein König, der ein luxuriöses, extravagantes Leben führte. Doch obwohl er große Reichtümer besaß und sich abwechslungsreichen Ablenkungen hingab, war er weder glücklich noch zufrieden. Er war einfach nie gut gelaunt. Und so rief er seinen Leibarzt zu sich. Nach einer gründlichen Untersuchung sagte dieser: »Sucht den glücklichsten Menschen des ganzen Reiches und zieht sein Hemd über. Dann werdet Ihr glücklich und zufrieden sein.« Der König schickte seine Minister aus, um überall nach dem glücklichsten Menschen zu suchen, und schließlich fanden sie eine wirklich glückliche Person. Doch wie der Minister, der den Mann ausfindig gemacht hatte, dem König berichtete, war es leider völlig unmöglich, ihm sein Hemd zu entlocken.

Wütend fragte der Herrscher: »Aber warum denn nicht? Ich bin schließlich der König. Wie kann man mir ein einfaches Hemd verweigern?«

»Der glückliche Mann ist vollkommen mittellos«, entgegnete der Minister, »und besitzt nicht einmal ein Hemd.« In diesem Moment begriff der König, dass sich Glück und Zufriedenheit nicht kaufen lassen.

Je weniger Sie erwarten, desto glücklicher werden Sie sein. Wenn Sie auf einen hohen Lebensstandard aus sind und ständig den Erwerb neuer Dinge anstreben – Handys, Kleidung, ein Haus oder Auto – werden Sie nie Zufriedenheit erlangen. Denn Wünsche sind nie zu befriedigen.

Wenn Sie ein behagliches, glückliches Leben führen wollen, sollten Sie lieber anfangen, sich geistig zu bereichern, statt blind materiellen Dingen nachzujagen. Sonst schuften Sie sich tot bei dem Versuch, alles zu kaufen, wonach Ihnen der Sinn steht. Verabschieden Sie sich jedoch von Ihren Wünschen, werden Sie ein glückliches, zufriedenes Leben haben.

Den Wandel akzeptieren

Nichts auf dieser Welt ist absolut fest. Alles bewegt und verändert sich. Es liegt an der Vergänglichkeit, dass unser Glück nicht ewig währt – jeden Moment kann es sich in Leiden verwandeln. In Aryadevas *Vierhundert Verse* heißt es:

Alles Vergängliche unterliegt dem Zerfall,
und Zerfallen ist kein Glück.
Deshalb wird alles Vergängliche
als Leiden betrachtet.

Es war einmal eine junge, eigensinnige Prinzessin, deren Vater sie über alle Maßen verwöhnte. Welchen Wunsch sie auch äußerte, der König tat alles, um ihn ihr zu erfüllen. Eines Tages regnete es heftig, und die in die Pfützen des Palasthofes fallenden Wassertropfen erzeugten Blasen, von denen die Prinzessin so fasziniert war, dass sie zu ihrem Vater sagte: »Aus solchen Wasserblasen will ich einen Kranz haben, um mein Haar damit zu schmücken.«

»Aber das ist unmöglich«, entgegnete der König.

Doch die Prinzessin blieb hartnäckig und behauptete, sterben zu müssen, wenn sie das Gewünschte nicht bekäme. Das empfand der König als so beängstigend, dass er alle Kunsthandwerker des Landes zusammenrief und ihnen befahl, einen Kranz aus Wasserblasen für die Prinzessin herzustellen. Viele der zumeist jungen Männer gaben ihr Bestes, um den Wunsch der jungen Frau zu erfüllen, aber vergeblich. Und sie fürchteten sich vor ihrer Reaktion.

Ein älterer Kunsthandwerker jedoch behauptete, das gewünschte Objekt herstellen zu können, allerdings nur unter der Bedingung, dass die Prinzessin bereit wäre, ihn zu beraten. Überglücklich schickte der König seine Tochter zur Werkstatt des Meisters. Der sagte zu ihr: »Ich könnte diesen Kranz herstellen. Doch ich kann nicht die schönen Wasserblasen von den hässlichen unterscheiden. Deshalb bringt mir bitte die Blasen, die Euch am meisten zusagen, und aus denen mache ich den Kranz für Euch.«

Hocherfreut willigte die Prinzessin ein und brach auf, um sich ihre Wasserblasen auszusuchen. Doch selbst nach langwierigen Bemühungen war es ihr nicht gelungen, auch nur eine einzufangen. Erschöpft machte sie kehrt und rannte in den Palast zurück, um ihrem Vater mitzuteilen: »Wasserblasen sind ja sehr hübsch, aber sobald ich eine berühre, hat sie sich auch schon aufgelöst. Jetzt will ich keine mehr.«

Seine Wurzeln hat das Leiden im Anhaften. Und je schneller Sie das Gesetz der Vergänglichkeit verstehen, desto erträglicher wird Ihr Leiden. Wenn Sie sich beispielsweise der Vergänglichkeit des Ruhmes bewusst sind, überrascht Sie sein Verblassen nicht. Wer die

Vergänglichkeit der Liebe begreift, gerät nicht in Verzweiflung angesichts ihres Scheiterns. Und wenn Sie sich schließlich mit der Vergänglichkeit des Lebens aussöhnen, können Sie sogar über den Verlust eines geliebten Menschen hinwegkommen.

Zu Lebzeiten des Buddhas verlor eine Frau, die kurz zuvor von ihrem Mann verlassen worden war, auch noch ihr Kind; es erlag einer schweren Krankheit. Der Kummer drohte die Frau zu überwältigen. Mit der Leiche im Arm suchte sie den Buddha auf und flehte ihn an, aus seinem großen Mitgefühl heraus ihr Kind wieder zum Leben zu erwecken. »Bring mir zuerst ein Senfkorn aus einem Haushalt, in dem kein Toter zu beklagen ist«, gab der Buddha zurück. Die Frau ging von Tür zu Tür, doch fand sie keine einzige Familie, die vom Tod verschont geblieben war. Schließlich sah sie ein, dass jeder Mensch irgendwann stirbt und dass in dieser Hinsicht alle gleich sind. So konnte sie allmählich auch mit dem Tod ihres Kindes Frieden schließen.

Su Shi sagte einst: »Der Mond nimmt zu und ab, ist mal dunkel und mal hell; und so können auch die Menschen glücklich und traurig sein, zusammen oder getrennt.« So will es das Gesetz der Vergänglichkeit, das sich von niemandem austricksen lässt. Sobald Sie das verstanden haben, öffnen Sie sich geistig, sodass Veränderungen Sie nicht mehr in die Verzweiflung treiben können.

Drei Lebenseinstellungen

Drei Schüler, die von den verschiedensten Problemen geplagt wurden und nicht wussten, wie sie je glücklich werden sollten, suchten den Chan-Meister Wu De auf. »Wofür lebt ihr?«, fragte er die drei.

»Um nicht zu sterben«, sagte der erste.

Der zweite antwortete: »Damit ich Zeit mit meinen Kindern und Enkelkindern verbringen kann.«

Und der dritte: »Für meine Frau und die Kinder.«

»Keiner von euch wird glücklich werden«, sagte der Meister.

Wie aus einem Mund riefen die drei aus: »Aber wie können wir dann glücklich werden?«

»Was glaubt ihr denn, was euch glücklich machen würde?«

Der erste sagte: »Ich glaube, Wohlstand.«

Der zweite: »Liebe.«

»Ruhm«, ließ sich der dritte vernehmen.

»Solange ihr so denkt«, erklärte der Meister, »werdet ihr immer unglücklich bleiben. Und selbst für den Fall, dass ihr es zu Wohlstand, Liebe und Ruhm bringen solltet, werdet ihr immer noch von einer belastenden Emotion nach der anderen heimgesucht werden.«

»Ja, aber was sollen wir denn sonst tun?«, fragten die drei.

»Ihr müsst eine andere Perspektive einnehmen. Seid freigebig, statt Wohlstand zu erstreben. Liebt, statt um Liebe zu buhlen. Statt auf Ruhm aus zu sein, widmet euer Leben lieber dem Dienst an den Lebewesen. Nur dies alles verheißt ein Leben in Glück und Zufriedenheit.«

Je mehr wir uns an etwas klammern, desto leichter verlieren wir es

Mit dem Glück, das die meisten anstreben, verhält es sich wie mit Sand: Je mehr man versucht, ihn festzuhalten, desto schneller rieselt er einem durch die Finger. Genauso zerfällt Glück zu Staub. Sollte man da nicht eher sein Bestes geben, sich an nichts klammern und das Ausmaß seines Erfolges den Ursachen und Bedingungen überlassen?

Einst tupfte ein Maler einen Punkt auf eine leere Leinwand, ließ sie rahmen und fragte die Leute nach der Bedeutung des Werkes. Meinungen wurden viele geäußert, doch was der Maler wirklich mit seiner Arbeit beabsichtigt hatte, ließ sich nicht mit Sicherheit sagen. Dabei war seine Aussage sehr tiefgründig: Wenn wir uns ausschließlich auf nur eine Sache konzentrieren, vernachlässigen wir darüber leicht alles andere. Ganz ähnlich ist es, wenn Sie sich nur auf einen einzigen Menschen fixieren. Es gibt sonst noch so vieles, was Sie glücklich machen könnte. Haben Sie aber nur Augen für diesen einen Menschen, glauben Sie, dass die Welt aufhören würde, sich zu drehen, wenn Sie nicht seine Zuneigung gewinnen können. Statt sein Herz an einen einzigen Menschen zu hängen, ist es weit besser, sich der vielen anderen Möglichkeiten bewusst zu werden, um das Glück zu finden.

Alles geht vorbei

Wer für seinen Ruhm und Wohlstand Respekt genießt, hat keinen Grund zur Überheblichkeit, denn eines Tages wird es damit vorbei sein. Und umgekehrt brauchen Sie auch nicht zu verzweifeln, wenn Sie pleite oder schlecht angesehen sind, denn das geht ebenfalls vorüber. Über kurz oder lang ist alles Heutige Vergangenheit.

Einst hatte eine Königin einen Traum, in dem ihr gesagt wurde, dass sie alles im Leben bewältigen könne, wenn sie nur einen bestimmten Satz im Kopf behielte. Das machte sie überglücklich. Doch als sie aufwachte, war der Satz vergessen. Die Königin gab ein Vermögen für einen Diamantring aus, versammelte dann die Minister um sich und verkündete ihnen: »Dieser Ring ist für denjenigen, dem es gelingt, mir den Satz aus meinem Traum zu nennen.«

Zwei Tage später suchte ein alter Minister die Königin auf und bat sie, ihm den Ring zu übergeben.

»Und, habt Ihr den Satz?«, fragte sie.

Der alte Mann nahm den Ring mit und ließ etwas eingravieren. Dann gab er ihn der Königin zurück und ging wortlos wieder. Als die Herrscherin das

Schmuckstück betrachtete, erkannte sie in der Gravur den Satz aus ihrem Traum: »Alles geht vorbei!«

Von da an lebte die Königin streng nach diesem Motto. Unabhängig davon, was das Leben ihr brachte, blieb sie gelassen, denn sie hatte begriffen, dass alles, was wir Menschen erleben und erfahren – Ruhm, Schande, Scheitern, Wohlstand, Berühmtheit, Gewinn – eines Tages der Vergangenheit angehört.

Es kann nicht alles im Leben so laufen, wie wir es uns wünschen. Aber Gleichgültigkeit gegenüber Ruhm und Ehre oder Schande, Erfolg oder Scheitern? Was für ein hervorragend transzendenter Zustand!

Das Glück pflegen

Was Glück eigentlich ist? Mit einer möglichen Antwort warteten die alten Chinesen auf, als sie die beiden Schriftzeichen erschufen, aus denen sich das Wort *Glück* zusammensetzt (幸福). Im ersten Zeichen bedeutet das obere Symbol »Land«, darunter befindet sich das Symbol für »Geld«. Im zweiten Schriftzeichen steht links das Symbol für »Kleidung«, das für »eine Familie« oben rechts und unten rechts das für »Feld«. Mit anderen Worten: Glück ist, wenn man Land, Geld, Kleidung, Essen und eine Familie hat.

Beruht Glück aber tatsächlich auf diesen Dingen? Manche denken ja, Wohlstand könne glücklich machen, aber ich kenne eine Menge reicher Leute, bei denen das keinesfalls so ist. Andere glauben, die Liebe mache glücklich, und halten es für gleichbedeutend mit Glück, wenn man einen passenden Lebenspartner findet, mit dem man auf Augenhöhe ist und sich über alles austauschen kann. Wieder andere halten Gesundheit für Glück. Ein alter Mann, den ich kenne, spendet regelmäßig Geld für das Kloster und wohltätige Zwecke. Und zwar aus dem einzigen Grund, dass er sich davon Gesundheit und Sicherheit für seine Familie verspricht.

Je nach den persönlichen Wertvorstellungen versteht also jeder etwas anderes unter Glück. All diese Definitionen haben gemeinsam, dass Glück eine Art tief empfundener Zufriedenheit ist. Wie können Sie diese erlangen?

Sokrates, Plato, Hegel und mit ihnen viele andere Philosophen waren der Auffassung, der Mensch müsse einen rationalen Zugang zum Glück finden. Rein emotional empfundenes Glück ist nur kurzlebig und ähnelt dem Versuch, auf Wasser zu schreiben: Es hält nicht. Wenden wir uns also der rationalen, vernünftigen Suche nach dem Glück zu. Und beginnen wir damit, dass wir ein paar Aspekte des Glücks näher betrachten.

Glücksgefühle gehen vorbei

Obwohl wir uns alle wünschen, das Glück würde ewig währen, nutzt sich dieses Gefühl, von wem oder was es auch ausgelöst wurde, allmählich ab. So erfreuen uns zum Beispiel neue Möbel nach einer gewissen Zeit nicht mehr so wie unmittelbar nach dem Kauf. Oder denken wir an den Mann, der sich am Tag seiner Hochzeit für den glücklichsten Menschen auf Erden hielt – und den seine Ehe nach einigen Jahren einfach nur noch langweilte. Nein, unser Glück ist weder von Dauer noch unveränderlich.

Glücksgefühle werden von Mal zu Mal weniger

Wenn wir etwas, das wir uns lange gewünscht haben, endlich erreicht haben, sind wir glücklich. Doch tritt derselbe Umstand ein zweites Mal ein, macht er uns nicht mehr so glücklich. Und irgendwann überhaupt nicht mehr.

Je größer die Mühe, desto größer die Zufriedenheit

Am glücklichsten sind wir oft, wenn wir etwas sehr Schweres erreicht haben. Unermessliches Glück wird zum Beispiel ein tibetischer Buddhist empfinden, der nach Lhasa pilgert, die ganze lange Strecke unter größten körperlichen Strapazen mit Niederwerfungen bewältigt und schließlich an sein Ziel gelangt.

Kein Glück ohne Sehnsucht

Können wir gar nicht aufhören, uns die Freude vorzustellen, die uns das Erreichen eines bestimmten Zieles bescheren wird, sind wir überglücklich, wenn es endlich geschafft ist. Bei Dingen, die uns nicht so sehr interessieren, spielt es dagegen kaum eine Rolle, ob wir sie bekommen oder nicht. Denn kein Kuchen vermag Leute glücklich zu machen, die nicht gern Süßes essen.

Glück hängt nicht von Äußerlichkeiten ab

Gesetzt den Fall, wir wüssten von zwei Menschen nur, dass der eine in einem Slum haust und der andere eine Luxusvilla bewohnt, ließe sich nicht mit Sicherheit sagen, welcher der beiden der Glücklichere ist.

Glück wird leicht von anderem überschattet

Angenommen, wir haben großen Kummer, weil sich in unserem Leben erst kürzlich eine Katastrophe ereignet hat. Selbst wenn wir dann nach erheblichen Anstrengungen endlich etwas lang Ersehntes erreichen, wird es uns nicht besonders glücklich machen.

Das Glück, wie wir es normalerweise verstehen, hängt von äußeren Umständen ab. Doch bei rationaler Betrachtung zeigt sich schnell, dass dieses Glück keine sichere Bank darstellt. Wenn wir das nicht endlich begreifen und uns weiterhin von Äußerlichkeiten Glückseligkeit erhoffen, werden wir nie zufrieden sein, auch wenn wir es ein Leben lang anstreben. Und schon allein daran kann es übrigens liegen, dass wir nicht mehr Glück empfinden.

Die Wünsche des Menschen kennen keine Grenzen. In einem buddhistischen Sutra heißt es: Selbst wenn Juwelen vom Himmel prasseln würden und die Menschen alle Sinnesfreuden der Welt genießen dürften, bliebe ihnen das Gefühl der Zufriedenheit verschlossen, solange ihre Wünsche zu groß sind. Ich kenne viele erfolgreiche Unternehmer. Reich und berühmt sind sie schon, können den Hals aber immer noch nicht vollkriegen. Statt zufrieden zu sein, sind sie nervös und empfinden eine große Leere – ohne das geringste Glücksgefühl.

Ein reicher Mann zog einst aus, um das Glück zu finden. Auf dem Rücken führte er Gold, Silber und Edelsteine mit sich. Doch auch als er zahlreiche Berge bewältigt und Flüsse überquert hatte, blieb ihm das Glück noch verborgen. Niedergeschlagen nahm er am Wegesrand Platz. Als nach einer Weile ein Bauer vorbeikam, fragte ihn der Reiche: »Kannst du mir vielleicht sagen, wo ich das Glück finden kann? Denn so sehr ich mich auch bemühe, vermag ich es nirgends auszumachen.«

Der Bauer legte das schwere Bündel mit Feuerholz ab, das er auf dem Rücken trug. Und während er sich den Schweiß von der Stirn wischte, sagte er: »Das abzulegen ... das ist Glück!« Für den Reichen war das eine Riesenoffenbarung. Mit einem Mal wurde ihm klar, dass auch er sich ganz einfach von seinen Belastungen befreien konnte. Und in dieser Nacht fand er zum ersten Mal seit seinem Aufbruch erholsamen Schlaf.

Wir glauben, so vieles nicht ablegen zu können. Tun wir es dann doch, stellt sich das Glück ein. Mit innerer Zufriedenheit finden wir zu dauerhaftem Glück – auch wenn unser Leben nicht perfekt ist und wir nicht alle Ziele erreichen können.

4. Vom Nutzen des Unglücks

Jeder Schritt auf unserer Lebensreise, sei er falsch oder richtig, verhilft uns zu Erfahrungen. Richtige Schritte führen zum Erfolg, falsche stellen eine Lektion dar.

Die Vorzüge des Scheiterns

Jeder Mensch möchte im Leben etwas erreichen. Jeder hofft, dass alles glatt läuft, ohne Rückschläge oder auch nur den kleinsten Frust.

Doch das Scheitern hat auch seine Vorzüge. In seinem *Dream Image of the Ten Years in Southern Min* schrieb der buddhistische Mönch Hongyi: »Ich wünschte mir, dass alles, was ich anpacke, fehlschlägt. Denn nur wenn Dinge scheitern, fehlerhaft oder unvollkommen sind, schäme ich mich und erkenne meinen Mangel an Tugend. Das ist mein Ansporn, mein Verhalten ernsthaft zu verbessern. Ich hoffe, dass ich immer scheitere, denn nur ein Fehlschlag vermag das Gefühl der Scham auszulösen. Und es wäre eine Katastrophe, sollte ich aufgrund meiner Erfolge selbstgefällig werden.«

Ich liebe dieses Zitat. Denn dieses Denken, obwohl es gewöhnlichen Menschen absurd erscheinen mag, zeigt die Bescheidenheit, die große Weisheit und die Erkenntnis dieses Meisters.

Im *Schatz der Kernunterweisungen* spricht der große tibetische Meister Longchen Rabjam (auch Longchenpa genannt) eine tiefgründige Weisheit aus: »Beseitigt die Anhaftung an euch selbst und akzeptiert stets, wenn ihr scheitert.« Auch der Ehrenwerte Langri Thangpa ermutigte seine Schüler: »Nehmt alle Verluste und Niederlagen auf euch und lasst von euch immer nur Wohltaten und Erfolge ausgehen.« Aus seinen und aus Hongyis Worten spricht derselbe Geist: Eine herausragende Persönlichkeit zeichnet sich dadurch aus, dass sie dem Scheitern tapfer entgegensieht.

Die taiwanesische Autorin Luo Lan schreibt: »Jeder Schritt, den wir auf unserer Lebensreise tun, sei er falsch oder richtig, verhilft uns zu Erfahrungen. Richtige Schritte führen zum Erfolg, falsche stellen eine Lektion dar. Wenn Sie sich gezwungen sehen, eine Umleitung zu nehmen, oder vom Weg abkommen, ist es, als gelangten Sie aus Versehen auf einen Hochgebirgspfad: Die anderen haben Angst um Sie und Mitleid mit Ihnen, Sie jedoch können seltene Blumen und Früchte pflücken, erblicken Vögel und andere Tiere, die man sonst nie zu sehen bekommt. Außerdem lernen Sie eine neue Strecke kennen, und diese Erfahrung macht Sie stärker und tapferer.«

Sie brauchen also keine Angst vor dem Scheitern zu haben. Sobald Sie es mutig annehmen, werden Sie erleben, welche Vorteile es mit sich bringt. Denken wir nur an das alte Sprichwort »Glück und Pech folgen einander auf dem Fuße«.

Das Leiden von heute hat seine Wurzeln im Gestern

Alles, was das Leben mit sich bringt, geht auf Ursachen und Bedingungen zurück, nichts geschieht ohne Grund.

In einem alten Kommentar über das *Dhammapada*, den ich einmal in Thailand gelesen habe, steht eine Geschichte, die das perfekt veranschaulicht: Eine Frau hielt vor langer Zeit eine Henne und verzehrte sowohl deren Eier als auch ihre Küken. In dem Huhn erregte dies einen tief empfundenen Groll und den gehässigen Gedanken: »Diese Frau isst alle meine Kinder. In einem künftigen Leben werde ich es mit den ihren genauso halten!«

Karmische Ursache und Wirkung gepaart mit Vorsatz, heißt es, versagen nie. Und so wurde die Frau als Huhn wiedergeboren und die frühere Henne als Katze. Und wie vom Karma vorgesehen, wurden alle Küken des Huhns von der Katze gefressen. Das Huhn wurde zornig und dachte voller Hass: »Diese bösartige Katze frisst alle meine Kinder. In einem künftigen Leben werde ich es mit den ihren genauso halten!«

Die Katze wurde als Reh wiedergeboren, und das Huhn als Leopard. Dieser fraß dem Reh all seine Kitze weg. Und so ging die Tragödie im Zyklus des Seins endlos weiter.

Zu Buddha Shakyamunis Lebzeiten wurde die ursprüngliche Henne als Dämon geboren, während die ursprüngliche Frau auch wieder als Frau zur Welt kam. Der Dämon wollte ihre Kinder fressen, doch diesmal hielt die Frau ihre Kleinen fest im Arm und machte sich, vor Angst zitternd, schleunigst auf den Weg zum Buddha, um bei ihm Zuflucht und Schutz zu suchen.

Schließlich trafen beide beim Buddha ein, auch der Dämon, der der Frau gefolgt war. Der Erleuchtete unterwies die Widersacher mit liebender Güte und großem Mitgefühl, sodass sie sich zu guter Letzt beruhigten. Dann half ihnen der Buddha, ihre bisherige gewaltsame Verbundenheit zu begreifen. »In dieser Welt«, erklärte er ihnen, »und das ist eine Grundwahrheit von ewiger Gültigkeit, lässt sich der Hass nicht mit Hass überwinden, sondern immer nur mit Liebe.« Unter dem Eindruck seiner Stärke legten die beiden ihren Streit schließlich bei und befreiten sich damit aus dem tödlichen Kreislauf, in den sie sich verstrickt hatten.

Die ständigen Vergeltungsmaßnahmen sind ganz typisch für den Zyklus des Seins. Deshalb müssen Sie wachsam sein, wann immer Sie auf Boshaftigkeit und Ungemach stoßen, und sich bewusst machen, dass es sich dabei lediglich um die Konsequenzen Ihres negativen Tuns in einem früheren Leben handelt. Steigen Sie aus dem Rad der Rache aus und erwidern Sie Hass nie mit Hass. Anderenfalls wird die Tragödie der Henne und der Katze endlos weiter aufgeführt.

Vielen Menschen fehlt es an Toleranz. Schon ein paar beleidigende Worte – ganz zu schweigen von körperlichen Angriffen – reichen, um sie in Rage zu versetzen. Geduld ist jedoch eine ganz wesentliche Grundtugend. Oder wie Han Shan sagte: »In dieser Welt der grenzenlosen Kümmernisse und Sorgen sind Sanft- und Langmut ganz wunderbare Allheilmittel.«

Der Mönch Budai, so heißt es, war eine Emanation des Buddhas Maitreya. Wenn er von anderen verflucht wurde, brach er in Gelächter aus und spendete seinen Widersachern Beifall. Schlugen sie mit dem Stock auf ihn ein, ließ er sich auf die Erde fallen, damit sie nicht unnötig Energie verbrauchten. Wurde er angespuckt, wischte er sich den Speichel nicht aus dem Gesicht, sondern ließ ihn einfach trocknen. So können sich nur die wenigsten verhalten. Und uns muss nicht einmal jemand anspucken – es reicht völlig, wenn jemand versehentlich beim Händewaschen etwas Wasser auf unsere Schuhe spritzt. Und schon verlieren wir die Beherrschung und brüllen die Person an.

Es laugt aus, wenn man sich von allem, was man sieht oder hört, reizen lässt und der Welt nur noch mit Zynismus begegnet. Am besten ist es, aus jedem Konflikt so schnell wie möglich auszusteigen. Selbst wenn Sie in aller Öffentlichkeit beschimpft, erniedrigt und verleumdet werden, ist die Waffe der Geduld die beste Form der Verteidigung. »Ein Moment des geduldigen Innehaltens bringt Gelassenheit und Ruhe zurück. Ein einziger Schritt der Versöhnlichkeit eröffnet einen Freiraum von der Weite des Meeres und der Tiefe des Himmels.«

Geduldig sein

Die Geduld, Böses nicht mit Bösem zu vergelten und dem Hass nicht zu erliegen, lässt sich unglaublich schwer aufbringen. In *Der Weg eines Bodhisattva* heißt es: »Keine Missetat kommt an den Hass heran, und nichts ist so stark wie die Geduld.« Von allen Verfehlungen ist keine so beängstigend wie der Hass, und nichts ist schwieriger zu erlangen als Geduld.

In einem früheren Leben war Buddha Shakyamuni ein Weiser, dessen Name sich mit »Die Macht der Geduld« übersetzen ließ. Sein Bestreben war es, keinem fühlenden Wesen je mit Hass zu begegnen. Um dies zu vereiteln, manifestierte ein Dämon tausend Menschen, die den Weisen verfluchten, ihn verleumdeten und durch öffentliche Pöbeleien demütigten. Sie provozierten ihn also permanent; doch egal, wie schlecht er auch behandelt wurde, der Weise wurde weder böse, noch sann er auf Rache. Nicht einmal so etwas wie: »Was um alles in der Welt habe ich denn falsch gemacht?«, hörte man ihn je sagen. Im Stillen sprach er folgenden Wunsch: »Mögen alle fühlenden Wesen durch praktizierte Geduld Erleuchtung erlangen. Wenn ich die Buddhaschaft erreiche, werde ich diese Menschen befreien.«

Als Anhänger des Buddhas sollten Sie diese Geschichte immer im Kopf haben. Und verstehen, dass Hass in unmittelbarem Gegensatz zu liebender Güte und Mitgefühl steht. Es ist das Hauptanliegen des Mahayana-Buddhismus, den fühlenden Wesen zu helfen, doch sobald sich Hass einschleicht, verlieren viele dieses Ziel aus den Augen und schaden den fühlenden Wesen, statt ihnen helfen zu wollen. Dies steht in völligem Widerspruch zu den Lehren des Mahayana. Unter allen Übertretungen ist nichts schlimmer als Hass. Das ist leicht zu verstehen, aber nicht einfach in die Praxis umzusetzen, wenn wir provoziert werden.

Ich weiß von einem japanischen Zen-Meister, der für seine Geduld berühmt war. Als ein junges Mädchen ein Kind bekam und befürchtete, von ihren buddhistischen Eltern gescholten zu werden, gab es den Meister als Vater ihres Sohnes an. Denn da er großes Ansehen bei ihrem Vater und ihrer Mutter genoss, ging sie davon aus, dass sie ihm keine Vorwürfe machen würden. Die Eltern glaubten ihr und brachten das Neugeborene zu dem Meister. Kaum bei ihm eingetroffen, fingen sie auch schon an zu fluchen: »Ihr, die Ihr vorgebt, ein Mönch zu sein, habt den Buddhadharma besudelt! Da Ihr Euer niederträchtiges Wesen vor uns verborgen habt, hätten wir nie vermutet, dass Ihr zu so etwas fähig wärt. Dabei seid Ihr in Wirklichkeit schlimmer als ein Tier. Hier ist Euer Sohn – nehmt ihn an Euch!«

»Ach ja?«, fragte der Meister ruhig und nahm das Baby auf den Arm. Die Eltern, die sich in den Vorwürfen, die sie ihm gemacht hatten, bestätigt fühlten, erzählten die Geschichte überall herum, sodass bald das ganze Dorf Bescheid wusste. Wohin sich der Meister auch begab, folgten ihm gehässige Blicke.

Mit dem Baby auf dem Arm wandte er sich an eine Familie, die ebenfalls ein Neugeborenes hatte, und bat um Milch. Er bekam auch welche, aber »allein des Säuglings wegen«, wie ihm beschieden wurde.

Die junge Mutter hatte von Tag zu Tag ein noch schlechteres Gewissen. Da sie bald nicht mehr mit ansehen konnte, wie ungerecht der Meister behandelt wurde, gestand sie ihren Eltern, was wirklich geschehen war. Tief beschämt suchten diese den Meister auf, um ihr Verhalten zu erklären.

Wie schon beim ersten Mal sagte dieser auch jetzt wieder nur: »Ach ja?«

Ob wir unter diesen Umständen wohl auch so ruhig bleiben würden?

Geduld sollte man üben

Nach einer gewissen Zeit der Geduldsarbeit glauben manche, sie hätten ihr Ziel erreicht, und werden selbstgefällig. Doch sie sollten nicht zu früh mit sich zufrieden sein, sondern ihre Geduld erst einmal auf den Prüfstand stellen.

Es war einmal ein cholerischer alter Mann, der an einer Wand seines Wohnzimmers einen Zettel mit der Aufschrift »Reich der grenzenlosen Geduld« angebracht hatte, die ihn davon abhalten sollte, aus der Haut zu fahren. Er fühlte sich seiner Sache so sicher, dass er damit angab. Um ihm auf den Zahn zu fühlen, kam eines Tages ein Bettler in das Wohnzimmer des Alten und fragte ihn mit vorgetäuschter Unwissenheit: »Was steht denn da?«

»Reich der grenzenlosen Geduld«, antwortete dieser lächelnd.

»Ah ja, Reich der grenzenlosen Geduld«, wiederholte der Bettler und ging. Aber nur, um einen Moment später wieder aufzutauchen und sich erneut zu erkundigen: »Es tut mir ja so leid, aber ich habe schon wieder vergessen, was Ihr gesagt habt. Könntet Ihr es bitte noch einmal wiederholen?«

»Reich der grenzenlosen Geduld«, gab der Alte in jetzt schon etwas schärferem Ton zurück.

»Richtig! Genau! Vielen Dank!«

Wenig später kam der Bettler noch einmal, um dieselbe Frage zu stellen. »Bist du denn nicht mal imstande, dir vier einfache Wörter zu merken?«, brüllte ihn der Alte an. »*Reich der grenzenlosen Geduld* lauten sie.«

Lachend entgegnete der Bettler: »Reich der *beschränkten* Geduld meint Ihr wohl!«

Sich in Geduld zu üben ist deshalb das Schwerste überhaupt, weil bereits die harmloseste Bemerkung oder Situation zornig machen kann.

Das zeigt auch eine weitere Geschichte: Nachdem ein General zahlreiche Schlachten geschlagen hatte, war er des Kämpfens müde und suchte den Chan-Meister Zong Gao auf, um dem Orden beizutreten. »Nicht so schnell«, sagte der Meister, »warten wir doch lieber noch ein wenig ab.«

»Aber ich kann doch jetzt sofort schon alles loslassen«, beharrte der General. »Meine Frau, die Kinder, überhaupt die Familie. Gar kein Problem. Ich habe mich schon längst von meinen Anhaftungen an sie befreit. Also schert mir jetzt bitte den Kopf.«

»Darüber sprechen wir später«, beschied ihm der Meister. Und dem General blieb keine Wahl, als wieder nach Hause zu gehen.

Eines Tages stand er in aller Frühe auf und rannte zum Tempel, um sich wieder und wieder vor der Statue des Buddhas niederzuwerfen. Als Meister Zong Gao ihn bemerkte, ging er auf ihn zu und fragte: »General, was veranlasst Euch, so früh in den Tempel zu kommen und Euch niederzuwerfen?«

»Ich bin so früh aufgestanden, um das Feuer in meinem Herzen zu löschen und den Buddha zu ehren.«

»Ihr habt Euer Haus früh verlassen«, witzelte der Meister, »habt Ihr keine Angst, dass Eure Frau die Gelegenheit Eurer Abwesenheit nutzen könnte, um einem anderen Mann schöne Augen zu machen?«

Voller Zorn rief der General aus: »Ihr seid ein Scheusal! Was für eine miese Unterstellung!«

»Da muss nur ein leises Windchen auf die Kohlen treffen«, sagte der Meister lachend, »und schon lodern die Flammen des Zorns wieder hoch. Ob eine solche Reaktion aber tatsächlich für echtes Loslassen spricht?«

Diese Geschichte erinnert uns daran, dass wir uns nie vorschnell brüsten sollten. Selbst wenn Sie meinen, etwas loslassen zu können, wissen Sie es sicher erst, nachdem Sie sich selbst auf den Prüfstand gestellt haben.

Die Acht Winde der Welt

Erfolg und Misserfolg, Lob und Tadel, guter Ruf und schlechter Ruf, Gewinn und Verlust: Von diesen vier Begriffspaaren, die auch als die *Acht weltlichen Sorgen* bekannt sind, wünschen wir Menschen uns immer die jeweiligen positiven Zustände, während wir die anderen ablehnen. So sind wir zum Beispiel glücklich, wenn wir gelobt werden, Tadel aber erzürnt uns. Da sich unsere Stimmung allerdings je nach Zustand ändert, sollten wir unbedingt versuchen, uns von ihnen zu lösen. Man kann natürlich leicht behaupten, dass sie einem egal wären. Doch im Alltag gelingt es nur den wenigsten, ihre Stimmung unter Kontrolle zu halten. Und weil die acht Sorgen quasi durch unser Leben fegen, nennt man sie auch die *Acht Winde der Welt*.

Die Geschichte des Su Dongpo ist ein gutes Beispiel. Als er nach Hangzhou oberhalb des Flusses Jangtse zwangsversetzt wurde, lebte sein Freund, der Chan-Meister Fo Yin, im Goldbergtempel am anderen Ufer des Flusses. Die beiden trafen sich oft, um über den Chan und den Pfad zu diskutieren.

Direkt im Anschluss an eine tief greifende Erfahrung, die er beim Meditieren gemacht hatte, schrieb Su

Dongpo den Vers: »Den Höchsten im Himmel erweise ich die Ehre, deren helle Strahlen im milliardenfachen Universum leuchten; von den Acht Winden unberührt, sitzt du stetig auf dem goldenen Lotos.« Oberflächlich betrachtet würdigen diese Zeilen die Buddhas und Bodhisattvas, eigentlich aber deuten sie an, dass die Acht Winde ihrem Autor nichts mehr anhaben können. Überaus fröhlich und zufrieden mit sich schickte er seinen Diener mit dem Vers zu Meister Fo Yin. Nachdem dieser das »Werk« zur Kenntnis genommen hatte, schickte er es mit einem knappen Kommentar zurück.

Su Dongpo, der sich sicher war, von seinem Meister in den höchsten Tönen gelobt zu werden, konnte die Rückkehr des Dieners kaum erwarten. Doch als er den Kommentar schließlich in den Händen hielt, las Su Dongpo nur: »Lass ruhig einen Wind fahren!« Voller Zorn nahm er sofort ein Boot, das ihn über den Fluss brachte. Er wollte seinen Lehrer zur Rede stellen. Zu seiner Überraschung erwartete Meister Fo Yin ihn bereits am Eingangstor des Tempels. Su Dongpo polterte gleich los: »Ich betrachte dich als Freund und Vertrauten. Und du musst meine Verwirklichung ja nicht anerkennen. Aber warum kannst du mir nicht wenigstens ein bisschen mehr Respekt entgegenbringen?«

»Was habe ich denn überhaupt geschrieben?«, fragte der Meister zurück.

Su Dongpu zeigte ihm den Kommentar. Nach einem Blick darauf sagte Fo Yin lachend: »Von den Acht Winden gänzlich unberührt bläst ein Furz dich über den Fluss?«

Su Dongpo war kein dummer Mann. Er verstand sofort und schämte sich.

Weltliche Menschen sind leicht durch die Acht Winde zu beeinflussen. Alle Täuschungen können sich erst dann vollständig auflösen, wenn die Leere erlebt wurde. In *Finding Comfort and Ease in the Nature of Mind* schreibt der große Longchenpa: »Bei der Betrachtung der an den Weltraum gemahnenden Leerheit existieren keine Freude, keine Sorge, kein Gewinn und kein Verlust, nichts Gutes und nichts Böses.«

»Gewinn und Verlust existieren gar nicht«, habe ich schon viele Buddhisten sagen hören. Doch wie besessen streben sie jeden Tag danach, zu gewinnen und nicht zu verlieren. Das bedeutet, dass sie immer noch im Spiel von Gewinn, Verlust und Besorgnis gefangen sind.

Doch auch bevor Sie die Leere erkennen, können Sie sich von den großen Anhaftungen lossagen, indem Sie begreifen, dass alles auf der Welt flüchtig ist wie Rauch und Wolken. Dann werden Sie nicht mehr von äußeren Zuständen beeinflusst und erreichen einen Zustand wie diesen: »Gleichgültig gegenüber Ehre und Schande betrachtest du mit Wohlgefallen das Erblühen und Verwelken der Blumen in deinem Garten; unbeteiligt beobachtest du die Wolken, wie sie heranziehen und sich im Himmel tummeln.«

Karma verstehen

In dieser vielfältigen Welt verfügen manche Menschen über immensen Wohlstand und große Macht, während die anderen schwer schuften müssen und trotzdem kaum über die Runden kommen. Die einen sehen gut aus und sind elegant, andere dagegen gelten als hässlich und werden verachtet. Manche sind auf Dauer glücklich und zufrieden, während andere ihr ganzes Leben lang leiden. Im Buddhismus gelten derartig unterschiedliche Schicksale weder als gottgewollt, noch sind sie zufällig. Vielmehr stellen sie das Ergebnis früheren Handelns dar.

Oft wird die Frage gestellt: »Wenn das mit dem Karma alles seine Richtigkeit hat, warum geschieht im Leben mancher Leute auch dann nichts Positives, wenn sie zweifelsfrei Gutes getan haben, während andere, die Böses getan haben, keine negativen Konsequenzen zu tragen haben?« Die Antwort ist eigentlich ganz einfach: Es ist wie bei dem Bauern, der im Frühling die Saat ausbringt – auch sie geht nicht im Handumdrehen auf. Ganz ähnlich wird auch zwischen einer guten beziehungsweise schlechten Tat und der jeweiligen Konsequenz daraus immer eine gewisse Zeit verstreichen.

Letztlich aber setzt sich das Karma immer durch. Sobald die Ursache entstanden ist, kommt es über kurz oder lang auch zu einer Wirkung.

Andere beklagen, dass ihre Geschäfte schlechter liefen und ihre Verluste größer wären, je tugendhafter sie sich verhielten. Das stimmt aber nicht. Dass sie mit sofortigen Resultaten rechnen, ist genauso unrealistisch, als würden Bauern, die heute säen, schon am Abend ernten wollen. Der indische Meister Nagarjuna erklärte: Anders als Schnittwunden, die sofort anfangen zu bluten, macht sich das Karma nicht umgehend bemerkbar. Doch sobald die Ursachen auf geeignete Bedingungen treffen, treten die Folgen tugendhaften beziehungsweise bösartigen Handelns unweigerlich ein.

Ein buddhistisches Sutra besagt: »Um die Ursachen aus einem früheren Leben verstehen zu können, brauchst du dir nur deine Erfahrungen im jetzigen Leben anzuschauen. Und um zu erfahren, mit welchen Folgen du in deinem künftigen Leben rechnen kannst, sieh an, was du in diesem tust.« Sie ernten, was Sie gesät haben. Viele wüssten gern über ihr früheres Leben Bescheid, aber dafür muss man keinen Außenstehenden befragen. Es reicht völlig, sein gegenwärtiges Leben zu betrachten.

Und das glaubten keineswegs nur die Altvorderen. Auch viele moderne Menschen sind davon überzeugt. Als ich einmal krank war, ließ ich mir auf Anraten meines Arztes täglich eine Massage geben. Nach einer Weile waren der blinde Masseur, der seine Arbeit ganz hervorragend machte, und ich so vertraut miteinander, dass wir intensive Gespräche führten. Eines Tages sagte er zu mir: »Im Buddhismus ist ja immer von Ursache und Wirkung die Rede. Und ich glaube, da ist wirklich was dran. Denn da ich in diesem Leben blind bin, habe ich in meinem vorherigen bestimmt etwas Schlechtes getan. Andererseits muss ich aber wohl auch etwas Gutes geleistet haben, weil ich geschickt bin bei meiner Arbeit und mir keine größeren Sorgen zu machen brauche. Ja, Ursache und Wirkung – das hört sich glaubwürdig an.«

Ich habe lange über seine Worte nachgedacht. In unserer Welt sind viele Menschen ohne Handicap längst nicht so gut und geschickt wie dieser blinde Mann. Da sie von Ursache und Wirkung keine Ahnung haben, begehen sie mutwillig schlechte Taten, beschuldigen andere und wissen nicht, dass sie alles Tugendhafte und alles Grausame, das sie erleben, selbst erschaffen haben. Wäre jeder Mensch so überzeugt vom Prinzip von Ursache und Wirkung wie dieser blinde Masseur, gäbe es auf der Welt viel mehr Güte und bedeutend weniger Angst.

Tugend ist der beste Schutz

»Derzeit scheint es niemandem mehr gut zu gehen«, hörte ich einmal einen Lama klagen. »Der eine fühlt sich heute nicht so gut, weil irgendwas mit seiner Familie ist. Morgen fühlt sich der andere nicht so gut, weil ihn sein Job frustriert. Aber wie können die Leute erwarten, dass es ihnen gut geht, wenn sie doch ständig um ihrer selbst willen anderen schaden? Sie können zu so vielen Gottheiten beten, wie sie wollen, es bringt nichts.«

In dem Teil der Welt, in dem ich lebe, bringen die Buddhisten den Bodhisattvas und anderen erleuchteten Wesen Opfergaben dar, um positives Karma zu erschaffen, und flehen die Beschützer um Hilfe und Beistand an. Ich glaube tatsächlich, dass Buddhas und Bodhisattvas die Macht haben, uns ihren Segen zu spenden, und dass auch die Dharma-Beschützer und Gottheiten sehr machtvoll sind. Die viel wichtigere Frage, die wir uns stellen müssen, lautet jedoch: Welche Art Mensch bin ich?

Diese Frage wird sogar von vielen Buddhisten vernachlässigt. Ganz unabhängig davon, was Sie darstellen, ob Sie sich zum Buddhismus bekennen oder nicht, solange Sie Güte erkennen und sie erwidern und von

Ursache und Wirkung überzeugt sind, werden die Menschen Sie respektieren und unterstützen, und Ihr Geist wird zu einer gewissen Ruhe kommen. Aber mehr noch: Auch Dharma-Beschützer und Gottheiten werden Ihnen zu Hilfe kommen. Denn nichts erfreut die Buddhas mehr, als dass wir uns an die goldene Regel halten und unsere guten Eigenschaften herausarbeiten.

Meister Yin Guang erzählte einmal die folgende Geschichte: Li Zicheng war gegen Ende der Ming-Dynastie Anführer einer Bauernrebellion, in deren Verlauf vielen einfachen Menschen alles genommen wurde. Ein Mann, dessen Nachname Yuan lautete, hatte seinen Sohn aus den Augen verloren, während er dem Aufruhr zu entkommen versuchte, und wünschte sich nun eine Konkubine, mit der er einen neuen Erben zeugen konnte. Herr Yuan fand tatsächlich eine Frau und brachte sie zu sich nach Hause, doch sie weinte bitterlich. Auf die Frage nach dem Grund für ihre Traurigkeit sagte sie: »Wir sind so arm, dass wir nichts zu essen haben. Mein Mann wollte sich deshalb schon töten. Also habe ich beschlossen, mich zu verkaufen, um ihn zu retten. Doch jetzt weiß ich erst, wie glücklich wir waren. Denn wir hatten eine wunderbare Beziehung. Und nun sind wir getrennt. Wie sollte ich da nicht todtraurig sein?« Dies bekümmerte Herrn Yuan sehr. Im Morgengrauen schickte er die Frau deshalb mit 100 Tael Silber nach Hause zurück und empfahl ihr, zusammen mit ihrem Mann ein kleines Geschäft zu eröffnen.

Die Eheleute waren Herrn Yuan so dankbar, dass sie versuchten, eine gute Frau für ihn zu finden, damit er mit ihr einen Erben zeugen könne, doch hatten sie keinen Erfolg. Später begegneten sie dann einem hübschen Jungen, der vom Glück verlassen zu sein schien, und dachten: »Eine Frau haben wir zwar noch nicht für Herrn Yuan gefunden, aber vielleicht sollten wir ihm einstweilen den Jungen schicken? Er könnte ihm als Diener zur Hand gehen.« Also statteten sie den Jungen mit Geld aus und schickten ihn zu Herrn Yuan. Nachdem dieser den Jungen einigen Prüfungen unterzogen hatte, erkannte er in ihm seinen Sohn wieder, den er vor vielen Jahren verloren hatte. Die Tugendhaften werden eben vom Glück begleitet!

Nur ein Buddha kann wirklich wissen, welche Handlung zu welchem Ergebnis führt. Doch solange wir uns konsequent um tugendhaftes Denken und Handeln bemühen und uns Verdienste erwerben, wird uns das Glück auf vielfältige Weise hold sein. Viele Menschen streben nach Ruhm, gesellschaftlichem Rang und Wohlstand, doch ohne Verdienste könnten sie genauso gut am Nordpol einen Baum pflanzen. Denn der Baum des Erfolges kann nur auf dem Boden unseres positiven Denkens und Schaffens Wurzeln schlagen und gedeihen und im Verdienst der Güte wachsen. Der Erfolg, dessen sich die Leute erfreuen können, ist das Ergebnis ihrer tugendhaften Taten in einem früheren Leben. Ohne die Ursache tugendhafter Taten würde sich die Wirkung des Glückes nie einstellen. Wenn Sie sich also Ruhm, Gewinn, Siege oder Sicherheit wünschen, müssen Sie sich dieser Tatsache bewusst sein und stets nur Gutes tun und denken. Auf diese Weise wird sich das

Glück ganz von selbst entwickeln – wenn nicht in diesem Leben, dann im nächsten. Denn so will es das Gesetz des Karmas. Aus den Samen der Tugend erwächst unweigerlich Erfreuliches. Und das Gegenteil führt zwangsläufig zu Leiden. Haben Sie diese Tatsache erst einmal in ihrer ganzen Tiefe und Tragweite verstanden, werden Sie negative Handlungen vermeiden, als hinge Ihr Leben davon ab.

5. Meditation durch achtsames Sprechen

Kröten und Frösche quaken bei Tag und Nacht,
aber niemand schenkt ihnen Beachtung.
Hähne dagegen, die nur im Morgengrauen
krähen, erschüttern alles und treiben jeden aus
dem Bett. Was also würde es bringen,
viel zu sprechen? Auf den richtigen
Zeitpunkt kommt es an.

Negatives Sprechen

Ein Hauptgrund dafür, dass andere Menschen zurückgestoßen werden, ist das negative Sprechen. Manche plappern alles heraus, was ihnen gerade in den Sinn kommt, ohne an andere zu denken. Auch im Zorn lassen viele ungebremst Dampf ab. Und selbst wenn ihnen ihr Fehler später bewusst wird, können sie das Gesagte nicht mehr zurücknehmen. Am besten lernt man also, Dinge, die besser unausgesprochen bleiben, ganz zu vermeiden.

Die Alten sagten: »Von der Wunde, die eine scharfe Klinge hinterlässt, hat man sich schnell erholt; ganz anders verhält es sich mit den Verletzungen, die durch gemeine Bemerkungen hervorgerufen werden.« Körperliche Wunden heilen mit der Zeit. Wird jedoch die Psyche verletzt, verschlimmert ein Opfer die Wunde noch und macht alles nur noch komplizierter. Wer öffentlich beleidigt wird, reagiert sofort mit einem zornigen oder entsetzten Blick; aufbrausende Typen zögern nicht, Gleiches mit Gleichem zu vergelten. Andere revanchieren sich zwar nicht sofort, bewahren den Hass aber in ihrem Herzen, »wässern und düngen« ihn täglich und lassen den Samen des Hasses auf diese

Weise Wurzeln schlagen und langsam, aber sicher auskeimen.

Deshalb ist es entscheidend, dass wir die Achtsamkeit des Sprechens üben.

Versprechen halten

Verlässliche Menschen machen keine vorschnellen Versprechungen, halten aber alles, was sie zusagen. Das chinesische Sprichwort »Ein Versprechen ist 1000 Maß Gold wert« entstammt ursprünglich einer Geschichte aus dem *Shiji*, den *Aufzeichnungen des Chronisten*.

Gegen Ende der Qin-Dynastie lebte im Königreich Chu ein Mann namens Ji Bu, der festen Zusagen großen Wert beimaß. Hatte er einmal etwas versprochen, tat er alles, um sein Wort zu halten, auch wenn es noch so schwierig war. In Süd-China sagt man deshalb auch heute noch: »Ein Versprechen Ji Bus ist mit 1000 Tael Gold nicht aufzuwiegen.«

In den *Gesprächen* sagte Konfuzius: »Die alten Weisen haben nie ein Versprechen leichtfertig gegeben und schämten sich, wenn sie eines nicht halten konnten.« Zeng Can, ein Schüler von ihm, war seinen Kindern gegenüber genauso streng wie mit sich selbst. Als seine Frau einen Besuch auf dem Markt plante, fing der gemeinsame Sohn an zu heulen, weil er mitgehen wollte. Das wollte sie jedoch nicht und sagte zu ihm: »Du bleibst hier und kannst spielen, so lange du willst. Sobald ich wiederkomme, schlachte ich ein Schwein und koche es für dich.« Voller Freude hörte der Junge sofort auf zu weinen. Die Mutter hatte das alles nur gesagt, damit er Ruhe gab, und es sofort wieder vergessen. Zeng Can jedoch schlachtete seinem Sohn das versprochene Schwein.

Als seine Frau vom Markt zurückkam und entdeckte, was geschehen war, sagte sie voller Zorn zu ihrem Mann: »Ich habe das alles doch nur so dahingesagt, damit der Junge Ruhe gibt. Wie konntest du es bloß ernst nehmen?«

Zeng Can antwortete: »Man darf Kinder nicht betrügen. Das guckt er sich sonst bestimmt von uns ab. Wenn wir ihn heute an der Nase herumführen, bringen wir ihm das Lügen bei.« Deshalb müssen Sie bei allen Erziehungsmaßnahmen an die langfristigen Folgen für Ihre Kinder denken. Mit einer Lüge vermitteln Sie ihnen das Gefühl, dass es in Ordnung ist, die Unwahrheit zu sagen, auch wenn Sie etwas anderes erzählen.

Beim Bau einer Schule kam einer unserer Wohltäter, der mitbekommen hatte, dass mir das Geld ausging, auf mich zu und sagte: »Eigentlich habe ich ja bereits einem anderen Meister eine größere Geldsumme für sein Bauprojekt versprochen, aber dort geht nichts weiter. Wäre es da nicht besser, wenn ich das Geld Ihnen zukommen ließe, damit Sie Ihre Schule bauen können?« Worauf ich ihm antwortete: »Ein gegebenes Versprechen sollten Sie auf alle Fälle halten. Ich finde schon einen Weg, um die nötigen Mittel aufzubringen.« Er vertraute mir, trotzdem fand ich sein Angebot nicht fair, weil es bedeutet hätte, jemand anderen zu enttäuschen.

Ein weiteres chinesisches Sprichwort lautet: »Gib kein Versprechen, wenn du geblendet bist. Und beantworte keinen Brief im Zorn.« Mit anderen Worten: Im Überschwang der Gefühle sollten wir niemandem irgendetwas versprechen und im Ärger keine Mitteilungen verfassen. Wahrhaft weise Menschen machen in der Hitze des Moments keine Zusagen, da ihnen bewusst ist, dass sie das in Teufels Küche bringen könnte.

Worte können uns verfolgen

Es scheint nicht weiter schlimm zu sein, sich über jemanden wegen seines körperlichen Gebrechens lustig zu machen. Doch der Betroffene kann tief verletzt sein. Und nicht nur das: Das Gesagte kann auf völlig unerwartete Art und Weise auf Sie zurückfallen.

Eine Geschichte aus dem *Sutra vom Weisen und vom Toren* zeigt die Konsequenzen auf: Zu Lebzeiten des Buddhas erlangte ein Mönch, dessen Name sich mit »Bester Honig« übersetzen lässt, so schnell die Befreiung vom Leiden, dass seine Mönchskollegen den Buddha fragten, welche Ursachen und Bedingungen eines vorherigen Lebens dies wohl ermöglicht hätten. »Auf einer Almosenrunde«, antwortete der Buddha, »begegnete ich einmal einem Affen, der mir etwas Honig anbot. Und als ich die Spende annahm, freute sich das Tier so, dass es wild herumsprang, in eine tiefe Grube fiel und starb. Wiedergeboren wurde es als Mensch – den wir heute als Mönch Bester Honig kennen.«

»Und warum war er in seinem vorherigen Leben ein Affe?«, erkundigten sich die Mönche.

»Im Zeitalter des vorigen Buddhas Kashyapa war Bester Honig ein junger Mensch«, entgegnete der

Buddha. »Nachdem er einmal einen erleuchteten Mönch beim Sprung über einen Fluss beobachtet hatte, machte er sich über ihn lustig und verglich ihn mit einem Affen. Diese unschöne Bemerkung ist der Grund, weshalb Bester Honig 500-mal als Affe wiedergeboren wurde.« Dass wir uns nicht über die Handicaps unserer Mitmenschen lustig machen sollten, versteht sich wohl von selbst. Aber weise wäre es auch, niemanden mit einem Affen, einer Kuh, einem Hund oder einem Schwein zu vergleichen.

Der Siebzehnte Karmapa sagte, als er *Die 37 Übungen eines Bodhisattva* lehrte, dass Düsum Khyenpa, der Erste Karmapa, 500-mal als Affe wiedergeboren worden sei, weil er zu Lebzeiten von Buddha Kashyapa einen Mönch als Affen bezeichnet habe. Später dann, nachdem er als Düsum Khyenpa wiedergeboren worden war, habe er ausgesehen wie ein Affe und sei wegen seines ungewöhnlichen Aussehens von seiner Geliebten verlassen worden. So entstand in ihm der Gedanke der Entsagung.

Obwohl auch negative Ausdrücke nur Wörter sind, bleiben sie doch nicht ohne Einfluss auf uns. Deshalb sollten wir achtsam sein und jedes Wort, das wir aussprechen, genau abwägen. Sakya Pandita: »Sag niemandem etwas Grausames, auch deinen Feinden nicht. Denn selbst wenn sie dadurch beleidigt und sprachlos sind, würde der Fluch, den du damit aussendest, eines Tages wie ein Echo zu dir zurückkehren.«

Geschickte Hilfsmittel

Buddha Shakyamuni orientierte sich bei seinen Lehren an den geistigen Fähigkeiten seiner Zuhörerschaft. Von den 84.000 Dharma-Lehrreden, die er verfasst hat, soll jede eine spezielle Medizin gegen eine bestimmte mentale Störung gewesen sein.

Unter den zehn wichtigsten Schülern, die den Buddha umgaben, galt der Ehrenwerte Purna als bester Dharma-Lehrer, weil er seine Themen besonders gut an die der jeweiligen Zuhörergruppe anpassen konnte. Wenn er zum Beispiel mit einem Arzt sprach, sagte er etwa: »Ihr Ärzte seid ja sehr gut darin, körperliche Erkrankungen zu heilen und Schmerzen zu lindern. Aber habt ihr auch Methoden, die gegen Begierde, Hass und Unwissenheit helfen?«

Worauf der Arzt in der Regel mit »Ich nicht, Ihr vielleicht?« antwortete.

Darauf konnte Purna dann entgegnen: »Buddhas Lehren sind wie Arzneien zur Behebung geistiger Verunreinigungen. Die Schulungen auf den drei Gebieten der Disziplin, Konzentration und Weisheit wirken wie ein Wundermittel gegen die drei geistigen Erkrankungen Begierde, Hass und Unwissenheit.«

Oder wenn er mit den örtlichen Autoritäten sprach, sagte er etwa: »Verbrecher könnt ihr bestrafen. Aber seid ihr auch in der Lage, die Menschen davon abzuhalten, dass sie gegen die Gesetze verstoßen?«

»Nein, das ist nicht immer möglich«, antworteten die Ordnungshüter darauf.

Worauf Purna sagte: »Sobald die Menschen den Dharma studieren und beherzigen, gibt es keine Verbrechen mehr, denn dadurch werden die Wurzeln negativen Handelns ausgemerzt.«

Begegnete Purna dagegen einem Bauern auf dem Feld, sprach er ihn mit Worten an wie »Die Körper der Menschen kannst du nähren, indem du den Acker pflügst und die Saat ausbringst. Würdest du denn gern lernen, wie du das Feld der Verdienste beackern und die Weisheit nähren kannst?«

Worauf der Bauer entweder mit »Ja« antwortete oder nachfragen konnte: »Wie würde denn das gehen?«

Und Purna antwortete: »Vertrauen in den Buddhadharma, Respekt vor Mönchen und Nonnen, Fürsorge für Kranke, Wohltätigkeit, Loyalität gegenüber den Eltern, Befürwortung der Tugend und Ablehnung lasterhaften Verhaltens im Umgang mit den Nachbarn, kein Töten mehr – so beackert man das Feld der Verdienste am besten.«

Er passte seine Unterweisung also immer an den persönlichen Hintergrund der Menschen an, und so konnten sie ihn verstehen. Solange kein Eigeninteresse dahintersteht, ist die Wahl der für das jeweilige Publikum richtigen Worte nicht manipulativ, sondern geschickt.

Wer es darin zur Meisterschaft bringt, erreicht mit geringster Anstrengung größtmögliche Wirkung.

Wissen, wann man sprechen soll

Ein altes Sprichwort besagt: »Durch den Mund verschaffen sich Krankheiten Zugang; eine übereifrige Zunge sorgt allzeit für Ungemach.« Jeder sollte seine Worte mit Sorgfalt wählen. Viele machen aus Angst, jemanden zu verletzen, den Mund gar nicht mehr auf, aber manchmal muss man auch seine Meinung sagen. Andere wiederum quasseln den ganzen Tag, einfach nur aus Spaß am Diskutieren und Tratschen. Was sie von sich geben, bringt niemandem etwas. Sobald das Gespräch auf die Fehler anderer kommt, funkeln zwar ihre Augen vor Begeisterung. Bei wichtigen Themen dagegen starren sie ins Leere und dösen.

Wir sollten unsere Worte immer ganz genau auf die Leute abstimmen, mit denen wir gerade zusammen sind. Mit moralischen, aufrichtigen Menschen können wir offen reden und sie sogar ein bisschen kritisieren. Handelt es sich jedoch um Leute, die uns gern provozieren, die ständig übertreiben, die Wahrheit verdrehen, die gern tratschen und lästern, hält man besser den Mund, wenn man sich keinen Ärger einhandeln will. Wer das nicht begreift, gerät immer wieder in die Bredouille und sollte sich lieber darauf beschränken, nur das Nötigste zu sagen – und auch das nur, wenn es gar nicht anders geht.

»Wie Krähen bringen auch Menschen, die ihren Schnabel nicht halten können, jeden gegen sich auf«, sagte Mipham Rinpoche. Krähen krächzen den lieben langen Tag, und in manchen Kulturen gilt allein schon dieses Geräusch als schlechtes Omen. So ist es auch mit Menschen, die unflätig beziehungsweise pausenlos daherreden: Sie nerven und bringen alle gegen sich auf.

Als der große Meister Padmasambhava Tibet verließ, schärfte er seinen Schülern ein: »Denjenigen, die gern Unsinn von sich geben, fällt es schwer, zu verbergen, was sie denken. Scherze, die sie machen, können für die Wahrheit gehalten werden, und wenn sie mal die Wahrheit sagen, verwechselt man das womöglich mit einem Jux. Dadurch wird auch ganz Einfaches plötzlich schwierig. Deshalb, Schüler, ist es am besten, wenn ihr euer Mundwerk in Zaum haltet.«

In einem Gedicht schrieb der Chan-Meister Wumen Huikai, Autor von *Wumenguan*, der sich selbst als »schweigsamen alten Mann« bezeichnete:

Gut vertraut mit dem Anblick des Mondes,
doch müde, meine Zunge zu bewegen:
Alles, was es in der Welt gibt, habe ich erlebt,
doch nicke ich nur mit dem Kopf. Sag aber nicht, dass
dieser alte Mann keine Tricks mehr kenne,
geschweige denn, es mangle ihm an Trost und Ruhe.

In *Mozi* fragt einer seiner Schüler Meister Mo: »Ist es gut, viel zu sprechen?«

Seine Antwort lautet: »Kröten und Frösche quaken bei Tag und Nacht, aber niemand schenkt ihnen Beachtung, nicht einmal, wenn ihre Mäuler und Zungen ausgetrocknet sind. Hähne dagegen, die nur im Morgengrauen krähen, erschüttern alles und treiben jeden aus dem Bett. Was also würde es bringen, viel zu sprechen? Auf den richtigen Zeitpunkt kommt es an.«

Die Macht des freundlichen Sprechens

In der Kommunikation mit anderen ist die Sprache von entscheidender Bedeutung. Gehen wir sanft mit unseren Worten um, erschaffen wir kein Unrecht, sondern sammeln Verdienste an. Eine Wunde, die Sie jemandem durch eine Äußerung zufügen, kann lange brauchen, bis sie verheilt. Oder wie Mengzi (auch Menzius genannt) einst sagte: »Eine freundliche Bemerkung kann den Menschen selbst im kältesten Winter ein warmes Gefühl geben; bösartige Äußerungen lassen ihnen selbst im Sommer das Blut in den Adern gefrieren.«

Manche glauben, harte Worte seien mächtiger, weil sie angeblich helfen, Ziele zu erreichen. Das stimmt aber nicht. Einer alten Fabel zufolge wetteiferte der Nordwind einmal mit der Sonne darum, wer von beiden in der Lage sei, einem Reisenden seinen Mantel auszuziehen. Als Erster demonstrierte der Nordwind seine Kraft und blies heftig. Doch je stärker der Wind blies, desto enger schlang der Mann seinen Mantel um sich. Anschließend war die Sonne dran. Sie kam heraus, nachdem sich der Wind gelegt hatte, und dem Mann wurde es so warm, dass er seinen Mantel ablegte.

Freundliche Worte sind wie die Sonne, während harte dem kalten Nordwind ähneln. Nur Narren glauben, mit harten Worten weiterzukommen; die Weisen jedoch kommen bestens mit sanften Äußerungen aus.

Abgesehen davon, dass wir uns freundlicher Worte bedienen sollten, kommt es entscheidend auf die Klarheit der Sprache an. Im *Bodhicaryavatara*, dem *Weg des Lebens zur Erleuchtung*, heißt es: »Wenn ich spreche, sollen meine Worte angenehm sein, ihre Bedeutung klar sein und von inhaltlicher Relevanz.« Manche dagegen plappern ewig vor sich hin, ohne dass jemand versteht, was sie eigentlich sagen wollen. Deshalb ist es in der verbalen Kommunikation nicht nur wichtig, auf die Gefühle des Gegenübers Rücksicht zu nehmen, sondern man muss sich auch klar ausdrücken.

6. Eltern

Das Herz einer Mutter ist wie Wasser,
das eines Sohnes wie Stein.

Opfer bringen

Heutzutage halten viele sich ihre Eltern möglichst vom Leib, schieben Arbeit und andere Verpflichtungen vor. Das Altern und die Einsamkeit ihrer Eltern lassen sie völlig unberührt. Dass Mutter und Vater sie einst ungeachtet aller Härten selbstlos aufgezogen haben, ist längst vergessen.

Ein tibetisches Sprichwort lautet: »Das Herz einer Mutter ist wie Wasser, das eines Sohnes wie Stein.« Leider können Kinder ihren Eltern gegenüber manchmal gleichgültig werden. Doch selbst wenn die Kinder schon 40 oder 50 Jahre alt sind, können viele Eltern die Sorge um sie immer noch nicht loslassen.

Denken Sie an Ihre eigenen Eltern und befragen Sie Ihr Gewissen: Erfüllen Sie wirklich Ihre Pflichten ihnen gegenüber? Das chinesische Schriftzeichen für »Kind« (孝) setzt sich aus dem oberen Zeichen für »alt« und dem unteren Schriftzeichen für »Nachwuchs« zusammen. In dieser Anordnung ist die ursprüngliche Bedeutung erkennbar: Der Nachwuchs sollte die Eltern stützen beziehungsweise *unter*stützen.

Wie viele Menschen aber tun das heutzutage noch? Viele ignorieren die Eltern, Anrufe werden nicht beantwortet oder höchstens in aller Eile, stattdessen beschäftigt man sich nur mit den eigenen Angelegenheiten. Dabei ist es so wichtig, dass wir uns um unsere Eltern kümmern, wenn sie älter und gebrechlich werden.

Während der Tang-Dynastie lebte ein Mönch, der keine Geschwister hatte und verantwortungsvoll für seine Mutter sorgte. Als er mittellos wurde, verpfändete er seine Gewänder, um Reis für seine Mutter kaufen zu können. Denn sie sollte nicht hungern. Später schrieb er ein Gedicht, in dem es heißt:

Frost liegt auf den Blüten des Schilfrohrs,
Tränen benetzen meine Kleider.
Meine alte Mutter lehnt nicht mehr am Türrahmen.
Im letzten Mai, während der Regenzeit,
versetzte ich meine Roben, um Reis nach Hause
bringen zu können.

Aus den Biografien der alten Meister geht hervor, dass sie den Kontakt mit ihren Eltern nie abbrachen und dass dies auch kein Hindernis war auf dem Weg zu ihrer Verwirklichung. Heutzutage halten jedoch viele Mönche und Nonnen kaum noch Verbindung mit ihren Eltern, was ein Fehler ist. Konfuzius war nicht der Einzige, der ein fürsorgliches Verhältnis zu den Eltern forderte, auch im Buddhismus steht dies ganz weit vorn. In etlichen Sutras wird aufgezeigt, wie schwierig es ist, den Eltern das zurückzugeben, was sie für uns getan haben. Doch genau dazu werden wir in diesen Texten angehalten. Der Buddhismus betrachtet Mutter und Vater als »starke Körper«. Behandeln wir sie nicht gut, werden die Folgen gewaltig sein.

Um ihre Eltern zu unterstützen, dürfen Mönche und Nonnen sogar das Geld behalten, das ihnen als Opfergabe dargebracht wird. Zu Lebzeiten des Buddhas gab es einen Mönch, dessen Eltern bitterarm waren. Er wollte ihnen Lebensmittel und Kleidung zukommen lassen und bat den Buddha um Erlaubnis. Der berief die Mönchsversammlung ein und erklärte den Anwesenden: »Auch wenn ihr bereits ordiniert seid, solltet ihr immer noch für eure Eltern da sein.« Auch sagte er: »Die Buddhaschaft baut vollkommen auf die Güte der Eltern. Nehmt euch ihrer mit Eifer an, wenn ihr den Pfad erlernen wollt.«

Vergessen Sie also nie, Ihren Eltern all das Gute zurückzugeben, das Sie ihnen verdanken.

Keine Zeit vergeuden

Als Konfuzius einmal mit einigen seiner Schüler unterwegs war, hörten sie nicht allzu weit entfernt ein herzzerreißendes Heulen und eilten hin. Am Straßenrand hockte, in Sackleinen gekleidet, ein Mann namens Gao Yu. Er hielt Sichel und Hacke in den Händen und weinte bitterlich. »Was ist denn passiert?«, erkundigte sich Konfuzius. »Ist jemand gestorben?«

Gao Yu antwortete: »Drei Fehler habe ich gemacht! Einen in meiner Jugend, als ich aus lauter Neugier ins Ausland reiste und meine Eltern das Nachsehen hatten. Später dann habe ich, um mir meine Träume zu erfüllen, unserem Kaiser gedient statt meinen Eltern. Das war mein zweiter Fehler. Danach wollte ich in der Nähe meiner Freunde sein und habe deshalb die Familie vernachlässigt. Das war mein dritter Fehler. Und nun, da ich endlich die Notwendigkeit eingesehen habe, mich für die Güte meiner Eltern erkenntlich zu zeigen, sind sie nicht mehr am Leben. Jetzt bin ich so von Reue erfüllt, dass ich nicht anders kann, als bittere Tränen zu vergießen.«

Als Konfuzius dies vernommen hatte, sagte er zu seinen Schülern: »Das sollte euch eine Lektion sein!«

Wer oder was wir auch sein mögen, die Güte, mit der uns die Eltern das Leben überhaupt erst ermöglicht und uns dann auch aufgezogen haben, ist unvorstellbar. Im chinesischen *Buch der Lieder* heißt es: »Meine armen Eltern! Was habt ihr nicht alles auf euch genommen, um mich zur Welt zu bringen. Eure Güte, die ich erwidern müsste, ist so unermesslich wie die Weite des Himmels.« Gehen wir also liebevoll um mit unseren Eltern, solange sie noch am Leben sind, nehmen wir uns ihrer an und schieben es nicht auf. Sonst müssen wir Tränen der Reue vergießen wie Gao Yu!

Geld kann Fürsorge nicht ersetzen

Manche schicken ihren Eltern jeden Monat Geld und glauben, damit ihren Pflichten Genüge zu tun. Doch so ist es nicht. Konfuzius sagte: »Heutzutage werden alle, die ihre Eltern ernähren, als aufopferungsvoll angesehen, aber auch ihre Hunde und Pferde werden gut ernährt. Wo liegt da der Unterschied?« Als uns die Eltern genährt und aufgezogen haben, ließen sie uns nicht nur materielle Dinge zukommen, sondern auch ihre Liebe. Um diese tiefe Güte zu erwidern, sollten Sie sich wirklich um sie kümmern und immerzu an sie denken, so wie die Eltern uns ständig im Sinn haben.

Im alten China war Huan Xiang weithin dafür bekannt, wie ernst er seine Pflichten als Sohn nahm. Er war neun, als seine Mutter starb. Von da an kümmerte er sich noch rührender um seinen Vater und übernahm die gesamte Hausarbeit. Aus Angst, sein Vater könnte sich eine Erkältung holen, ging er im Winter abends als Erster in das kalte Bett und half dem Älteren erst hinein, wenn die Decke schon angewärmt war. Im Sommer kühlte er die Matte abends mit einem Fächer, damit der Vater schnell einschlafen konnte. Das ist die Art von Fürsorge, die Kinder für ihre Eltern anstreben sollten.

Finanzielle Unterstützung ist nötig, gewiss, aber emotionale Zuwendung genauso. Alte Menschen fühlen sich oft allein und vernachlässigt. Also sollten wir sie trösten und versuchen, sie aufzumuntern. Als Babys konnten wir uns nicht selbst ernähren oder kleiden – es waren die Eltern, die sich aufopferten, um uns großzuziehen. Danach kümmerten sie sich um unsere Erziehung, nahmen Anteil an unserem Arbeits- und Beziehungsleben. Heute sind wir erwachsen, und unsere Eltern alt. Es wäre schlicht und ergreifend gewissenlos, sich nicht um sie zu kümmern.

Manche nehmen sich ihrer Eltern nicht genügend an. Sie verhalten sich, als hätten ihre Mutter und ihr Vater nie für sie gesorgt. Aber das kann natürlich auch an der Erziehung liegen. Es ist nicht gut, wenn Eltern ihre Kinder geradezu vergöttern, ihnen bei gemeinsamen Mahlzeiten zuerst auflegen und sie in den Himmel loben. Trifft die gesamte Familie zum Essen zusammen, sollten die Kinder zuallererst Großmutter und Großvater ihre Achtung bezeugen und dann ihren Eltern. Wer so erzogen wird, entwickelt Respekt gegenüber der älteren Generation.

In der Zeit der drei Reiche lebte ein Mann namens Lu Ji. Bereits mit sechs Jahren erhielt er eine Einladung zu Yuan Su, einem örtlichen Machthaber. Dieser bat seinen Diener, dem Jungen Mandarinen anzubieten. Lu Ji aß keine davon, versteckte aber insgeheim einige der Früchte in seinen Kleidern. Als er bat, sich verabschieden zu dürfen, und eine Verbeugung vor Yuan Su machte, plumpsten drei Mandarinen aus seiner Tunika.

Lachend sagte Yuan Su: »Hattest du denn nicht genug Obst? Willst du noch welches mit nach Hause nehmen?«

»Die Früchte waren so schön, dass es eine Schande gewesen wäre, wenn *ich* sie gegessen hätte. Deswegen wollte ich meiner Mutter ein paar mitbringen.« Yuan Su war sehr überrascht. Für einen Sechsjährigen, dachte er, ist Lu Ji geradezu bewundernswert diszipliniert und pflichtbewusst seinen Eltern gegenüber.

Seien wir also genauso nett zu unseren Eltern wie der kleine Lu Ji und bewahren wir sie immer in unseren Herzen.

Betrachten wir unsere Eltern als Bodhisattvas

Manche Leute werden hochmütig, kaum dass sie etwas Bildung erworben haben. Wollen die Eltern ihnen etwas beibringen, werfen sie ihnen nur einen verächtlichen Blick zu und sagen: »Was wisst denn ihr schon?« Andere verlieren sogar die Beherrschung und rufen: »Sag mir nicht ständig, was ich zu tun und zu lassen habe!« Das verletzt die Eltern natürlich. Sie lieben ihre Kinder von Herzen, also müssen ihre Anweisungen ernst genommen werden. Erkennen wir also die Opfer an, die sie unseretwegen gebracht haben, all ihre harte Arbeit zu unserem Wohl, und schätzen wir sie! Besonders demütig sollten wir zuhören, wenn sie uns wegen eines Fehlers strafen. Denn man sagt ja völlig zu Recht: »Je tiefer die Liebe, desto strenger die Schelte.«

Vor langer Zeit lebte ein gewisser Yang Fu, den seine Eltern sehr liebten. Als er heranwuchs und seine Eltern in die Jahre kamen, hörte er nicht mehr gern auf sie und langweilte sich in ihrer Gesellschaft.

Eines Tages kam ihm die Idee, Mönch zu werden. Da er erfahren hatte, dass Meister Wuji zur Verwirklichung gelangt war, verabschiedete er sich von Mutter und

Vater und begab sich auf den Weg, um den Dharma zu lernen.

Am Ziel angekommen, teilte er Meister Wuji mit: »Ich würde gern Euer Schüler werden und den Dharma lernen.«

»Du solltest lieber direkt bei den Buddhas und Bodhisattvas lernen«, gab der Meister zurück.

»Ich würde den Buddha ja gerne aufsuchen«, sagte Yang Fu, »aber wo hält er sich denn auf?«

»Ganz einfach, du musst nur jetzt gleich zu dir nach Hause gehen. Und wenn du jemanden mit einem Tuch über den Schultern siehst, der seine Schuhe verkehrt herum anhat, handelt es sich um eine Emanation des Buddhas.« Als er das gehört hatte, konnte Yang Fu die Begegnung mit dem Buddha kaum mehr erwarten und ging sofort nach Hause.

Es war schon Mitternacht, als er eintraf. Er klopfte an das Eingangstor und rief nach seiner Mutter, damit sie ihm öffnete. Voller Freude über die Rückkehr ihres Sohnes sprang die Frau aus dem Bett. In ihrer Eile zog sie sich nicht richtig an, sondern warf sich nur schnell ein Tuch über die Schultern und bemerkte nicht einmal, dass sie die Schuhe verkehrt herum übergestreift hatte. Als Yang Fu sie sah, fielen ihm die Worte des Meisters wieder ein. Und plötzlich fielen ihm auch die Ermutigungen und die Nachsicht seiner Mutter wieder ein, und er sah sie in einem ganz neuen Licht.

Selbst wenn unsere Eltern vielleicht keine große Bildung genossen haben, haben sie doch eine viel größere Lebenserfahrung als wir. Und alles, was sie sagen, ist nur zu unserem Besten. Also sollten wir ihnen aufmerksam zuhören.

Als Menzius noch klein war, hatte er die Nase voll von der Schule. Einmal schwänzte er und kehrte früher als üblich nach Hause zurück. Seine Mutter war dabei, ein Stück Stoff zu weben. Als sie ihren Sohn erblickte, verlor sie kein Wort, sondern zerbrach nur ihr Weberschiffchen und ruinierte damit das fast fertiggestellte Tuch. Als treuer Sohn ließ sich Menzius sofort auf die Knie fallen und fragte: »Warum habt ihr das getan?«

»Lernen ist keine Sache von Tagen«, erklärte seine Mutter. »Vielmehr verhält es sich wie mit dem Weben: Mit einem einzigen Faden fängt alles an und daraus entsteht das Tuch – Zentimeter für Zentimeter. Ein Kleidungsstück aber lässt sich erst fertigen, wenn genügend Stoff vorhanden ist. Und so ist es auch mit der Schule. Wie willst du es in der Zukunft zu etwas bringen, wenn du nicht lernst, sondern einfach aufhörst und mit geringem Wissen zufrieden bist?«

Menzius begriff. Von da an widmete er seine ganze Energie der Schule und schwänzte den Unterricht nie mehr. Später war er so gelehrt, dass er zum »zweiten Weisen« wurde und fast an Konfuzius heranreichte.

Auch wenn manche älteren Leute nicht sehr gebildet sind, haben sie doch viel Leiden überstanden und verfügen über Geschick im Umgang mit Menschen. Fragen Sie Ihre Eltern, wenn Sie sich vor ein Problem gestellt sehen. Ihre Ratschläge können eine große Unterstützung sein. Handeln Sie jedoch gegen ihren Rat, können Sie schnell in Schwierigkeiten geraten.

Sprechen wir sanft mit unseren Eltern

Im Alter benehmen sich Eltern manchmal wie Kinder. Sollten sich Ihre Eltern unangemessen verhalten, also etwa spielen, trinken oder ständig Streit suchen, sprechen Sie sie in aller Freundlichkeit darauf an. Einen jungen Mann habe ich einmal stolz sagen hören: »Heute hat mein Alter einen Riesenfehler gemacht! Na, dem hab ich's vielleicht gegeben!« Doch selbst wenn der Vater einen Fehler gemacht haben sollte: So geht man mit den Eltern nicht um. Da sie älter sind, sollten wir liebevoll mit ihnen sprechen, sie sanft beraten. Wenn sie Ihre Vorschläge ablehnen, sollten Sie ihnen Ihre Beweggründe so taktvoll wie möglich erklären.

Vor langer Zeit lebte ein Junge namens Sun Yuanjue, der seinen Eltern und Großeltern von klein auf mit Respekt begegnete. So gut benahm sich Sun Yuanjues Vater jedoch nicht gegenüber seinem eigenen Vater: Eines Tages packte er den alten, kranken und schwachen Mann in eine Weidentruhe, um ihn hoch oben im Gebirge sich selbst zu überlassen. Sun Yuanje weinte, warf sich auf den Boden und versuchte, seinen Vater davon abzubringen, doch vergebens.

Da hatte der Junge eine Idee. Er trocknete seine Tränen und sagte: »Offenbar bist du fest entschlossen, Großvater wegzubringen. Dagegen bin ich wohl machtlos. Aber könntest du mir bitte einen Gefallen tun und die Truhe wieder mitbringen?«

»Was willst du denn damit?«, fragte der Vater.

»Sie aufheben, bis es an der Zeit ist, *dich* darin wegzuschaffen.«

»Wie kannst du so etwas nur sagen!«

»Ich folge nur deinem Beispiel«, erklärte Sun Yuanjue.

Sein Vater begriff. Sofort holte er den Großvater ins Haus zurück und kümmerte sich fortan rührend um ihn.

Deshalb: Selbst wenn Ihre Eltern etwas Falsches getan haben und nicht mit sich reden lassen wollen, sollten Sie freundlich mit ihnen sprechen, damit sie einsehen, dass sie nicht richtig gehandelt haben. Für den Fall, dass sie Ihren Rat von sich weisen, versuchen Sie es ein weiteres Mal, respektvoll und aufrichtig. Weise Eltern lenken irgendwann ein. Bleiben Sie sanft und rücksichtsvoll, werden sie sich bald besinnen. Auf diese Weise verlieren sie ihr Gesicht nicht, und Sie erfüllen Ihre Pflicht.

7. Glückseligkeit in Geburt, Alter, Krankheit und Tod

*»Nur Narren haben Angst
vor dem Alter und wünschen sich
gleichzeitig ein langes Leben.«*

Sakya Pandita

Bereiten wir uns schon früh auf den Tod vor

Yogi Choyung war einer der wichtigsten Schüler von Dagpo Rinpoche und genießt in Tibet hohe Anerkennung für seine großen Leistungen. Einst nahm ein Praktizierender aus Kham (im Osten Tibets) den langen Weg auf sich, um seinem Meister einen Besuch abzustatten. Nachdem er dem Yogi eine Khata überreicht hatte, den traditionellen weißen Begrüßungsschal, bat er um eine Unterweisung. Der Yogi lehrte ihn nichts. Doch nach wiederholtem Bitten nahm er die Hand seines Schülers und sagte mit Nachdruck: »Ich werde sterben und du auch! Ich werde sterben und du auch! Ich werde sterben und du auch!« Dann fügte er hinzu: »Andere Unterweisungen gibt es nicht. Keine Lehre könnte wichtiger sein als diese.«

Nun denken Sie vielleicht: »Wie kann denn das eine tiefgründige Unterweisung sein? ›Ich werde sterben und du auch‹ – das könnte ich genauso gut lehren.« Der Praktizierende aus Kham jedoch hatte großes Vertrauen und dachte: »Was mir der Guru beigebracht hat, ist sinnvoll. Er wird irgendwann dahinscheiden, und auch ich werde eines Tages sterben. Meinen Körper kann ich nicht mitnehmen, geschweige denn irgendetwas anderes. Deshalb sollte ich mir der Vergänglichkeit bewusst sein und nicht länger an diesem Leben anhaften.« Von da an hielt er sich genau an die Instruktionen und erwarb sich große spirituelle Verdienste.

Als Praktizierende müssen wir den Tod allzeit vor Augen haben. Der große Meister Yin Guang, in dessen Schrein das Wort »Tod« an der Wand stand, mahnte die Menschen stets: »Das menschliche Leben ist vergänglich, so flüchtig wie ein Blitz« oder »Das Leben ist kurz. Wie lang währt ein Menschenleben? Wenn auf einen Atemzug kein weiterer folgt, ist es bereits vorbei.« Daran sieht man, welche Bedeutung der Tod für die großen Meister hatte.

Um sich von Geburt und Tod zu befreien, haben die großen Praktizierenden früher alle möglichen Beschwerden auf sich genommen. Mit aller Entschlossenheit, furchtlosem Eifer und durch aufrichtiges Üben bei Tag und Nacht erkannten sie schließlich die Natur des Geistes. Wie schade, dass so viele Leute um jeden Cent feilschen, sich das Hirn über die kleinsten Alltagsdinge zermartern und keinen Gedanken auf die großen Themen von Geburt und Tod verwenden – als würde der Herr des Todes sie übersehen. Was für eine Selbsttäuschung! Dies ist so selbstbetrügerisch, als würde man eine Glocke zum Verstummen bringen, indem man sich die Ohren zustopfte, statt ihren Ton zu dämpfen.

Aufgrund unserer Anhaftung an die Dualität haben wir von Beginn der anfanglosen Zeit unsere ursprüngliche Natur aus den Augen verloren. Da unser angeborenes inneres Strahlen von Unwissenheit verdeckt ist, werden wir ständig im Ozean von Geburt und Tod umhergeworfen. Solange wir den Pfad nicht erkennen, ist es schwer die Hindernisse von Geburt, Alter, Krankheit und Tod zu überwinden. Um unser angeborenes strahlendes Wesen, das frei ist von Geburt und Tod, erkennen zu können, müssen wir enorme Anstrengungen auf uns nehmen.

Ein Sprichwort lautet: »Ein Schwert verdankt seine Schärfe dem Schleifen; die Pflaumenblüte ihren Duft extremer Kälte.« Und der Duft der Erleuchtung entfaltet sich nur, wenn wir alles loslassen, uns oft an den Tod erinnern und fleißig üben.

Die Praxis im höheren Lebensalter

Durch das Studium des Dharma finden viele ältere Menschen echte spirituelle Stärkung und ein größeres Gefühl der Sicherheit, was ihre Zukunft betrifft. »Die untergehende Sonne ist grenzenlos und großartig, aber sie steht kurz vor der Dämmerung.« Mit diesen Worten drückt Li Shangyin, ein Dichter der Tang-Dynastie, sein Bedauern darüber aus, dass man etwas so Schönes wie die untergehende Sonne nicht festhalten kann. Was die Erfahrung des Älter- und Altwerdens sehr gut zum Ausdruck bringt.

Vielen betagten Menschen geht es zwar finanziell gut, innerlich aber fühlen sie sich unausgefüllt. Und Einsamkeit gepaart mit Langeweile kann zu tiefer Verzweiflung führen. Im Zuge des Alterungsprozesses nimmt allmählich die körperliche Energie ab, Zähne fallen aus, der Geschmackssinn lässt nach, die Augen werden schlechter und selbst die lautesten Stimmen sind kaum mehr zu hören. Außerdem wird man vergesslich und verwirrt, und all die Krankheiten und Alterserscheinungen sind deprimierend.

Alte Menschen haben zweifellos viel Zeit und große Freiheiten; oft aber interessieren sie sich für nichts mehr, und auch ihre Kinder kümmern sich nicht um sie, abgesehen von einem Anruf alle Jubeljahre, denn sie haben mit dem eigenen Leben genug zu tun. Was zur Folge hat, dass sich ältere Menschen oft traurig und depressiv fühlen, ihre Stimmung ist instabil und trübsinnig. In Japan begehen alljährlich etwa 10.000 alte Menschen Selbstmord. Und in den USA liegt die Zahl bei annähernd 50.000.

Für Senioren stellt die Dharma-Praxis eine gute Wahl dar. Aufgrund ihrer Lebenserfahrung werden sie nicht so leicht von Begierden geleitet. Wurden sie einmal in den Dharma eingeführt, schwingt er in ihnen oft mehr nach, als dies bei jungen Menschen der Fall ist. In Tibet sind die Alten so damit beschäftigt, das Mantra des Avalokiteshvara zu rezitieren, die Stupas zu umrunden und Butterlampen darzubringen, dass sie nicht nur keine Leere empfinden, sondern sich eher noch beklagen, dass sie zu wenig Zeit haben.

Nicht zu Unrecht sagt man ja auch: »Das Dharma-Studium hält Kinder davon ab, frech zu werden, und bewahrt die Alten vor Demenz.« Dadurch, dass ältere Leute in den Dharma eintauchen, können sie sich Verdienste für ihr nächstes Leben erwerben, ihre Einsamkeit bekämpfen und, was noch wichtiger ist, an Weisheit hinzugewinnen und es möglicherweise sogar zur Befreiung bringen.

In der *Collection of the Sages of the Pure Land* gibt es eine Geschichte, die zeigt, wie wirksam die Dharma-Praxis sein kann. Eine Großmutter aus Hangzhou begab sich einmal in den Xiao-Ci-Tempel, um den Mönch

Dao Yuan zu fragen: »Durch welche Praxis kann ich mich in diesem Leben aus dem Ozean des Leidens befreien?«

Der Mönch sagte ihr: »Keine Übung übertrifft das wiederholte Nennen von Buddhas Namen. Ihn immer wieder auszusprechen ist nicht weiter schwer, dabei zu bleiben schon eher. Aber auch Durchhalten geht meistens noch einigermaßen. Wirklich schwierig ist die einsgerichtete Konzentration. Doch wenn es dir gelingt, seinen Namen immer wieder voller Hingabe und Zielstrebigkeit zu rezitieren, wird dir der Buddha begegnen und dich bei deinem Tod aus dem Ozean des Leidens herausführen.«

Glücklich verbeugte sich die alte Frau und ging. Als sie wieder zu Hause eintraf, übergab sie den Haushalt ihrer Schwiegertochter und anderen Angehörigen, reinigte einen Raum und übte darin täglich, immer wieder den Namen des Buddhas auszusprechen.

Einige Jahre später suchte die alte Frau den Mönch ein weiteres Mal auf.

»Ich danke euch für Eure Anweisungen«, sagte sie zu ihm. »Ich habe die Hausarbeit an den Nagel gehängt und wiederhole den Namen des Buddhas nun wieder und wieder, auch ohne Unterbrechung. Womit ich aber meine Schwierigkeiten habe, ist die einsgerichtete Konzentration. Könnt Ihr mir dafür wohl bitte noch einen Rat erteilen?«

Der Mönch erwiderte: »Du hast zwar die Hausarbeit abgegeben, hängst aber immer noch an deinen Kindern und Enkeln. Und wie solltest du dich einsgerichtet konzentrieren können, solange du dich nicht auch von dieser Anhaftung löst?«

»Vollkommen richtig«, stimmte die Frau zu. »Ich kann zwar meinen Körper steuern, aber mit meinem Geist ist mir das noch nicht gelungen. Von jetzt an werde ich versuchen, *alles* loszulassen.« Zuhause rezitierte sie wieder den Namen des Buddhas mit großer Achtsamkeit und löste sich allmählich von ihren Anhaftungen.

Bald wurde sie das, was man als »frei von Sorgen« bezeichnet. So gingen wieder einige Jahre ins Land. Und als sie den Mönch erneut aufsuchte, sagte sie zu ihm: »Ihr habt mich nicht angelogen. In ein paar Tagen wird Eure Schülerin in das reine Land eingehen.« Wenig später starb die alte Frau ohne irgendwelche Anzeichen einer Erkrankung. Ihr Raum war von einem kostbaren, überaus seltenen Duft erfüllt. Auch gute Vorzeichen gab es darin.

Geburt, Alter, Krankheit und Tod gehören zum Zyklus des Seins

Weil niemand gern alt wird, haben sich die Menschen allerlei einfallen lassen, um den Anschein der Jugendlichkeit zu bewahren. Aber so, wie die Berge nicht immer grün bleiben, vertiefen sich unsere Falten täglich. Der Macht der Vergänglichkeit kann sich niemand entgegenstemmen.

Im Alter verschlechtert sich der Zustand von Fleisch und Blut. Da die Muskulatur zwischen den Knochen und der Haut schwindet, treten die Knochen und Gelenke mehr hervor, was besonders im Gesicht auffällig ist. Viele Menschen verzweifeln angesichts dieser Veränderungen, aber das ist sinnlos. Im Herbst fangen die Blumen an zu welken, egal, wie sorgfältig wir sie zuvor gegossen haben. Bei den Menschen verhält es sich nicht anders. Wir werden nun einmal alt. Und warum akzeptieren wir dieses Naturgesetz nicht einfach?

Ich weiß von einer 62-jährigen Frau, die unbedingt jünger aussehen wollte und sich deshalb mehreren Schönheitsoperationen unterzog, unter anderem einer Gesichts- und einer Bruststraffung. Den letzten Eingriff überlebte sie leider nicht. Zu allem Übel hatte sie ihrem Mann zuvor gesagt, es handele sich bloß um eine kleine Sache, die nur wenige Tausend Dollar kosten würde. Dabei belief sich die Rechnung in Wirklichkeit schließlich auf 40.000 Dollar. Viele Menschen sind in dieser Art Denken gefangen und begreifen die Gesetze von Geburt, Alter, Krankheit und Tod nicht. Sie beschäftigen sich blind mit unwichtigen Dingen und verstehen nicht, dass man dem Älterwerden, hat es einmal an die Tür geklopft, um keinen Preis entkommen kann.

In einem Yogacara-Text werden fünf Bedingungen des hohen Alters beschrieben: Erstens lässt die Vitalität nach, und der jugendliche Glanz der Gesichts- und Körperhaut verblasst. Zweitens lässt auch die Energie nach, und so energiegeladen man bisher auch gewesen sein mag, jetzt wird man schwach und verletzlich. Drittens werden die Sinnesorgane schwächer. Viertens lässt das Vergnügen nach. Und während man früher alle möglichen Sinnesfreuden genießen konnte, lassen sich im hohen Alter derartige Wünsche nicht mehr erfüllen. Fünftens wird die verbleibende Lebensspanne immer geringer, denn mit jedem Moment, der verstreicht, kommt der Tod unweigerlich ein Stückchen näher. Diesen Entwicklungen kann sich niemand, der lange genug lebt, entziehen. Denn niemand kann die Gesetze von Geburt, Alter, Krankheit und Tod brechen.

Manche, die das Altwerden unerträglich finden, wollen früh sterben. Tritt der Tod dann jedoch tatsächlich auf den Plan, bekommen sie es mit der Angst zu tun und wollen die Flucht ergreifen. Es liegen Welten zwischen wahrhaft Praktizierenden und gewöhnlichen Menschen, was die Sicht auf das Altwerden angeht. Praktizierende nutzen das Altern sogar, um ihren Mitmenschen den Weg zur Tugend aufzuzeigen.

Ich habe die Geschichte eines alten japanischen Zen-Meisters gehört, dessen Verwandte ihm einen Besuch abstatteten. Seinem Neffen fehle es an Ehrgeiz, erklärten sie ihm, er führe ein ausschweifendes Leben und sei nie einer ehrlichen Arbeit nachgegangen. Ob der Meister ihm wohl einige Dharma-Unterweisungen erteilen könne? Der Meister sagte zu und versprach, seinen Neffen zu besuchen.

Als er in seinem Heimatort eintraf, befürchtete der Neffe schon, dass ihn sein Onkel tadeln würde. Trotzdem bereitete er ihm etwas zu essen zu und lud ihn ein, die Nacht bei ihm zu verbringen. Doch zu seiner Überraschung machte ihm der Meister keinerlei Vorhaltungen, ganz so, als würde er nicht das Geringste im Schilde führen.

Beim Abschied am nächsten Tag fragte der weise Onkel seinen Neffen: »Ich bin ja schon alt, und mir zittern die Hände. Dürfte ich dich deshalb bitten, mir die Schuhe zuzubinden?« Der Junge freute sich, dem Meister den Gefallen tun zu können. Dieser sagte: »Vielen Dank! Alte Leute wie ich sind ja so was von nutzlos! Nicht einmal die Schnürsenkel kann man sich selbst zubinden. Pass du deshalb gut auf dich auf! Sei ein guter Mensch und verschaffe dir eine gute berufliche Grundlage, solange du noch jung bist.« Damit ging der Meister, ohne ein Wort über die besorgniserregende

Lebensführung seines Neffen verloren zu haben. Dieser bereute von da an sein bisheriges Verhalten und schlug einen neuen Weg ein, um ein besseres Leben zu führen.

Dem Alterungsprozess mit Gelassenheit entgegenzusehen ist das Beste, was wir tun können. Sich mit 80 noch wie ein 40-Jähriger benehmen zu wollen, bringt nichts. Sakya Pandita sagte einmal: »Ein langes Leben betrachtet jeder voller Neid. Doch nur Narren haben Angst vor dem Alter und wünschen sich gleichzeitig ein langes Leben.«

Dass man in Würde altern will, ist leicht gesagt. Wie aber verhalten wir uns wirklich, wenn es so weit ist? Ob Sie dann den Tatsachen ins Auge schauen können oder nicht, hängt ganz davon ab, wie verwirklicht Sie bereits sind. Sollten Sie es auf diesem Weg schon ein Stück weit gebracht haben, stellt das Altern bloß einen weiteren Bestandteil der Praxis dar.

Verschieben wir die Praxis nicht auf die letzte Minute

Wer mit 20 anfängt zu praktizieren, kann sich mit 80 eine glückliche Wiedergeburt gesichert haben. Will man jedoch erst gegen Ende seiner Tage ein neues Leben führen, wird es an Energie, Zeit und Gelegenheiten fehlen.

Eine Geschichte erzählt von zwei Brüdern, die im 80. Stock eines Hochhauses lebten. Als sie eines Nachts nach Hause kamen, mussten sie feststellen, dass der Aufzug nicht funktionierte. Energiegeladen, wie sie waren, beschlossen sie, die Treppe zu nehmen.

Als sie den 20. Stock erreichten, hatte die Müdigkeit schon Besitz von ihnen ergriffen. »Unser Gepäck ist viel zu schwer«, sagte der ältere der Brüder. »Wir stellen es hier ab und holen es morgen früh.« Ohne die Rucksäcke ging das Treppensteigen viel leichter.

Im 40. Stock begann der jüngere Bruder zu jammern: »Du hast das ›Außer Betrieb‹-Schild doch gesehen. Warum hast du denn nichts gesagt? Dann hätten wir früher heimkommen und uns das alles hier ersparen können.«

»Ich hab's eben vergessen«, sagte der ältere. »Was erwartest du denn jetzt von mir?« Während sie die nächsten Stufen hochgingen, stritten sie sich weiter.

Als sie im 60. Stock ankamen, fühlten sie sich wie erschossen. Zwar waren sie noch wütend aufeinander, brachten aber die Energie nicht mehr auf, sich zu zanken. So nahmen sie nach einem kurzen Zwischenstopp ihren Aufstieg wieder auf.

Nachdem sie endlich die 80. Etage erreicht hatten, waren sie völlig erschöpft. Nach kurzem Luftholen wollten sie die Tür öffnen und griffen nach ihren Schlüsseln. Und im selben Moment wurde beiden klar, dass sie die in ihren Rucksäcken im 20. Stock zurückgelassen hatten. Nun blieb ihnen nichts anderes übrig, als die Nacht im Hausflur zu verbringen.

Diese Geschichte illustriert sehr schön die verschiedenen Stadien des menschlichen Lebens. Mit 20 Jahren ist alles noch ziemlich einfach, und der Stress hält sich gewöhnlich auch im Rahmen. Mit 40 kommen die ersten Klagen über das Arbeits- und Familienleben. Mit 60 Jahren ist man zwar unzufrieden, hat aber nicht mehr die Energie, sich über irgendetwas aufzuregen. Wenn schließlich mit 80 der Tod immer näher rückt und man auf sein Leben zurückblickt, fühlt es sich so an, als hätte man gar nichts erreicht.

Mit 80 kommt womöglich auch das Gefühl auf, in der Jugendzeit einen sehr wichtigen Schlüssel verbummelt zu haben. Wären Sie zu der Zeit bereits praktizierende Buddhisten gewesen, hätten Sie es inzwischen vielleicht schon zu einem gewissen Grad von Verwirklichung gebracht.

Die Geschichte von den zwei Brüdern kann uns Mut machen. Natürlich wäre es besser, schon früher mit dem Praktizieren angefangen zu haben. Sollten Sie aber vom Leben nicht so begünstigt gewesen sein: Es ist nie zu spät, damit zu beginnen. Und das ist allemal besser, als bis in den Tod zu warten und dann nur noch bereuen zu können.

8. Warum ist das Leben so schwer?

Zufriedenheit kann man mit keinem Geld der Welt kaufen.

Die Schwierigkeiten mit der Vergänglichkeit

Irgendwann stirbt jeder. Das ist unvermeidlich. Von Geburt an kommen wir unserem Tod Tag für Tag näher. Mit unserer Lebenserwartung ist es wie mit einem lecken Wasserbecken – der Wasserspiegel sinkt unaufhörlich. Der Herr des Todes kommt von Moment zu Moment näher wie ein Schatten in der untergehenden Sonne. Wann und wo wir sterben werden, weiß keiner von uns – es könnte schon morgen so weit sein oder sogar noch heute Abend. Der Herr des Todes trifft keine Verabredungen, sondern kommt einfach vorbei und nimmt sich ein Leben. Deshalb heißt es im *Kshitigarbha Sutra* auch: »Der Teufel der Vergänglichkeit trifft immer unerwartet ein.«

Im *Sutra der 42 Kapitel* fragt der Buddha seine Schüler: »Wie kurz ist ein Leben?«

Einige der Anwesenden antworten: »Ein paar Tage lang«, andere »Bis eine Mahlzeit verzehrt ist.« Der Buddha schüttelt den Kopf.

Dann sagt einer: »Ein Leben ist die Spanne zwischen den Atemzügen.«

»Ja«, entgegnet der Buddha und nickt.

Das erinnert uns an die Vergänglichkeit des Lebens. Ohne eine größere Katastrophe kann Ihr Haus jahrzehntelang in gutem Zustand bleiben. Auf unser Leben dagegen gibt es nicht einmal für wenige Jahre eine Garantie, von Jahrzehnten ganz zu schweigen. In seinem *Brief an einen Freund* schrieb Nagarjuna, beim Einschlafen abends könne keiner von uns sicher sein, dass er am nächsten Morgen wieder aufwache.

Das größte Problem vieler Menschen besteht darin, dass sie ihre Vergänglichkeit einfach ausblenden. Völlig naiv gehen sie davon aus, dass der Tod sie schon nicht so schnell ereilen wird, und schmieden täglich Pläne für die kommenden Jahre und Jahrzehnte. Dass der Tod nicht immer zwischen Jung und Alt unterscheidet, kommt ihnen gar nicht in den Sinn. Dabei ist er nie so weit entfernt und ungewiss, wie wir es uns wünschen würden. Denn wer könnte schon sagen, was früher kommt – der Tod oder der morgige Tag?

Manche Leute denken vielleicht: »Da ja alle sterben müssen, habe ich überhaupt keinen Grund, mich vor dem Tod zu fürchten.« Diese Selbsttäuschung ist wie Pfeifen im Wald. Kein anderes Sterben ist auch nur entfernt so furchterregend wie das eigene. Wenn Ihnen wirklich daran gelegen ist, die Verantwortung für sich zu übernehmen, dann lösen Sie sich von Ihrer Anhaftung an dieses Leben und bereiten Sie sich auf das Danach vor. Die meisten sprechen nicht über den Tod, als ob es ihn nicht gäbe. Obwohl ihnen im Grunde natürlich bewusst ist, dass ihnen letztlich keine andere Wahl bleibt, verdrängen sie das Thema Tod und klammern sich an dieses Leben, ohne auch nur einen Gedanken darauf zu verschwenden, was danach kommt. Ganz wie der Vogel Strauß, der bei Gefahr den Kopf in den Sand steckt. Einfach lächerlich!

Mich erinnert das an Chan-Meister Zhuang Yuans Gedicht *Die Welt erwecken*:

Verzweifelte Jagd nach Erfolg in Eile und Hast,
Kälte und Wärme ertragen im Herbst und im Frühling,
den Haushalt führen von morgens bis abends,
in Verwirrung und Schwindel ergrauendes Haar:

Wann wird sich Richtiges vom Falschen scheiden?
Wie lang wird es dauern, betrübende
Emotionen zu beruhigen?
Da zeigt sich der Pfad klar und unübersehbar,
doch Hunderte und Tausende folgen ihm nicht.

Geld löst Leiden aus

Das Glück hat zu 80 Prozent nichts mit Geld zu tun, jedoch gehen 80 Prozent des Leidens darauf zurück. Welche Haltung der Buddhismus denn dem Geld gegenüber einnehme, fragen Sie also? Nun, Geld ist weder tugendsam noch schlecht, weder gut noch böse, weder hübsch noch hässlich. Es kann Leiden verursachen und beglücken: Das hängt ganz davon ab, wie es eingesetzt wird.

Von Zhang Yue, einem Politiker und Schriftsteller der Tang-Dynastie, stammt ein kleiner Essay, der den Titel *Geldkraut* trägt. Anhand der Kräuter-Metapher wird darin gezeigt, dass Geld von sich aus weder etwas Positives noch etwas Negatives ist. Gut eingesetzt, nützt es und kann sogar Leben retten, ganz wie ein Heilkraut. Wird es dagegen falsch verwendet, kann es schädlich sein und sogar töten, genau wie Heilkräuter unter bestimmten Bedingungen auch giftig sein können. Und dass so viele Menschen fahrlässig mit Geld umgehen, ist einfach nur schade.

Patrul Rinpoche sagte: »Ein Teeziegel bringt Leiden im Werte eines Teeziegels. Ein Pferd bringt Leiden im Werte eines Pferdes.« Mit anderen Worten: Je höher im

Wert etwas steht, desto größeres Leiden kann es auch erzeugen.

Im *Maharatnakuta Sutra* sagt der Buddha:

Wohlstand ist wie eine Illusion, wie ein Traum,
törichte Wesen aber lassen sich von ihm täuschen.
Mit einem Fingerschnippen erworben und im nächsten Moment wieder verloren,
wie könnte sich der Weise darum scheren?

Während der Tang-Dynastie lebte ein buddhistischer Laie namens Pang Yun. Eines Tages belud er ein Schiff mit Gold, Silber und allerlei anderen Kostbarkeiten und ließ es im Fluss Xiang untergehen. Auf die Frage nach dem Warum sang Pang Yun den folgenden Vers:

Die Welt hält Geld für wichtig, ich aber liebe die Stille,
wenn auch nur für einen Moment.
Denn während Geld nur für Verwirrung sorgt,
bringt die Stille das Sosein aller Phänomene hervor.

Natürlich ist es für die meisten von uns unrealistisch, diesem Beispiel zu folgen oder gar die trügerische Natur des Geldes zu erkennen. Deshalb sagte der Buddha in den Sutras, dass man Reichtum anhäufen darf, wenn es mit den richtigen Mitteln geschieht. So empfehlen zum Beispiel sowohl das *Samyutta Nikaya* als auch das *Diamant Sutra*, Geld auf vier Posten zu verteilen: Ein Teil für Essen und Kleidung, zwei Teile für Investitionen und zur Wertschöpfung; der letzte – vierte – Teil sollte für unerwartete Ausgaben gespart werden.

Der Buddha forderte niemanden auf, seinen ganzen Wohlstand aufzugeben. Schließlich müssen wir ja – im Unterschied etwa zu Regenwürmern – nicht nur essen. Und gerade Laien könnten kaum überleben, würden sie für sich und ihre Familie kein Geld verdienen. Das heißt aber nicht, dass wir das Geld anbeten sollten. Denn so mächtig ist es nun auch wieder nicht. Vollkommen zu Recht sagt man: »Mit Geld kann man sich zwar ein Haus kaufen, aber keine Wärme, Medizin, aber nicht Gesundheit, Bücher, aber keine Weisheit, das Bett, aber nicht den Schlaf.«

Es ist ein Jammer, dass so viele Menschen Geld für den Meister halten und sich selbst zu seinem Diener machen. Ein Haus besitzen sie bereits, wollen aber noch eines, und genauso verhält es sich mit dem Auto. Sie verplempern ihr Leben, um sich diese unnötigen Dinge zuzulegen, und verpassen darüber das Glück, das sie hätten haben können.

Die Schulung des Geistes ist eine Kunst

Jedes Phänomen in dieser Welt ist eine illusorische Erscheinung und eine Projektion des Geistes. Doch leider halten die meisten alle Phänomene für echt, klammern sich an ihre vermeintlich reale Existenz und laden sich dadurch selbst endloses Leiden auf.

Aber wie kann das sein? Die Macht des Geistes ist unvorstellbar – sie kann alles, was möglich ist, unmöglich machen und alles Unmögliche möglich. Wir haben unseren Geist so lange in dem Glauben trainiert, dass Phänomene real sind, dass uns der Glaube an diese Realität in Fleisch und Blut übergegangen ist.

»Mit Übung und Training«, sagt man, »kann man alles auf der Welt erreichen«. Denken wir nur an Tänzerinnen und Tänzer: Anfänglich führen sie kaum eine Bewegung korrekt durch, doch mit regelmäßigem Training können sie es weit bringen. In den Sutras sagt der Buddha:

Ob es nun echt oder unwirklich ist, durch langjähriges Üben taucht dieser Gedanke ohne jede Anstrengung auf, sobald die Macht der Gewöhnung voll entfaltet ist.

Für diese Behauptung gibt es zahllose Beweise. Ein Medizinprofessor verabreichte allen Studenten, die einen Kurs bei ihm belegt hatten, eine Pille, von der er sagte, sie erhöhe den Blutdruck. Und als kurz nach der Tabletteneinnahme bei allen der Blutdruck gemessen wurde, waren die Werte tatsächlich erhöht. Dabei hatte es sich bei der Pille lediglich um etwas Zucker gehandelt.

In einem anderen Fall suchte ein Patient mit einer Erkältung den Arzt auf. Nach dem Röntgen lautete die Diagnose auf Lungenkrebs. Als der Patient dies erfuhr, verschlechterte sich sein Zustand so sehr, dass er bald kaum noch das Bett verlassen konnte. Eine Woche später rief jemand vom Krankenhaus bei ihm an und entschuldigte sich. Wie sich herausstellte, hatte eine zweite Untersuchung des Röntgenbildes ergeben, dass doch kein Krebs vorlag. Dem Patienten ging es gleich wieder viel besser.

Ich selbst habe einmal eine ganz ähnliche Erfahrung gemacht. Unser Dorfarzt diagnostizierte meinen hartnäckigen Husten als Lungenentzündung. Am Nachmittag desselben Tages fühlte ich mich ganz elend und dachte, dass ich womöglich nicht nur eine Lungenentzündung hatte, wie der Doktor vermutete, sondern vielleicht sogar Lungen*krebs*. Als ich mich wenig später dann in einem Großstadtkrankenhaus noch einmal untersuchen ließ, war die Lunge ohne Befund. Und ich fühlte mich schon fast wieder ganz gesund.

Wie Sie daran erkennen können, ist die Kraft des Geistes gewaltig. Deshalb mahnte uns der Buddha in all seiner liebenden Güte und voll des Mitgefühls, den

Blickwinkel des Dharmadhatus, des Reichs der absoluten Realität, einzunehmen, dem zufolge alles ein Werk des Geistes ist. Er betonte immer wieder: »Jede Erscheinung ist eine Täuschung.«

Dies hilft wirklich, das Leiden zu lindern. Sobald Sie angesichts von Frust und Unglück denken: »Das ist alles nur ein Produkt des Geistes und wäre ohne Anhaftung ganz anders«, verlieren Dinge, die Ihnen zuvor noch unerträglich erschienen, mit einem Mal völlig an Bedeutung.

Leiden und Glück entstehen im Verstand

Auf welcher Grundlage entstehen Leiden und Glück? Sind Äußerlichkeiten dafür verantwortlich, oder ist es der Geist? Fragen, die sich leider nur die wenigsten stellen. Viele Reiche wohnen zwar in den luxuriösesten Anwesen, leiden aber unter unheilbaren Schlafstörungen. Um es immer noch weiter zu bringen, stellen die Mächtigen ständig ein erzwungenes Lächeln zur Schau, kommen nie zur Ruhe und haben nur wenig Freude am Leben. Dies alles sollte eigentlich hinreichend beweisen, dass Leiden und Glück vom Geist abhängen und nicht auf Äußerlichkeiten wie Macht oder Wohlstand zurückzuführen sind.

Wären Leiden und Glück tatsächlich untrennbar mit gewissen Äußerlichkeiten verbunden, müssten diese bei allen Lebewesen dieselben Gefühle hervorrufen. Das ist aber ganz offensichtlich nicht der Fall. Denken wir etwa an Fäkalien: Bei Menschen lösen sie Brechreiz aus, Schweine oder Hunde aber finden sie ganz köstlich. Oder der menschliche Körper: Buddhisten sehen in ihm eine irgendwann stinkende Leiche, während er für andere das reinste Wunderland ist.

Der Schluss, den man aus all diesen Tatsachen ziehen muss, lautet: Nichts Äußeres ist für Leid oder Glück verantwortlich, sondern ausschließlich der Geist. Hält der Geist etwas für gut, wird es zum Vergnügen. Und was er für schlecht erachtet, erzeugt Leiden.

Der Dichter Tao Yuanming führte im 4. Jahrhundert westlicher Zeitrechnung ein zurückgezogenes Leben in den Bergen. Einmal stellte er ein Musikinstrument ohne Saiten her; es sah aus wie ein Instrument, brachte aber keinen Ton hervor. Trotzdem empfand Tao Yuanming großes Vergnügen, wenn er darauf spielte. Entstammte dieses Glücksgefühl nun dem Musikinstrument oder doch eher dem Geist?

Nur wenn wir die Natur des Geistes oder der Leere verstehen, können wir echtes Glück verstehen. Egal, wie sehr wir dem Glück nachjagen: Es ist wie ein Regenbogen, der sich immer weiter von uns entfernt. Oder wie Shantideva im *Weg des Bodhisattva* schreibt:

Obwohl jene, die das Geheimnis
des Geistes nicht verstehen,
jenen großartigen Leitgedanken des Dharmas,
das Glück suchen und das Leiden bezwingen wollen,
irren sie ziellos umher.

Zufriedensein ist nicht einfach

Zufriedenheit ist der größte Wohlstand überhaupt. Sie können steinreich sein, ohne einen müden Cent zu besitzen. In Nagarjunas *Brief an einen Freund* heißt es:

> *Der Buddha lehrte, Genügsamkeit sei allen anderen Reichtümern überlegen. Strebe deshalb stets an, zufrieden zu sein. Ein wahrhaft reicher Mensch ist reich auch ohne jeden materiellen Besitz.*

In einer Nachrichtensendung, erinnere ich mich, war einmal von einem Milliardär in Wenzhou die Rede, der keine Fröhlichkeit kannte. Als er mit seinen Begleitern einmal ein Fünfsternehotel verließ, wurde er von einem Mann angebettelt. Genervt gab er ihm einen Dollar, über den sich der Bettler so freute, dass der Milliardär dachte: »Wie kann jemand wegen eines einzigen Dollars nur so aus dem Häuschen geraten?« Sein tägliches Einkommen betrug Tausende von Dollar, aber das ließ ihn vollkommen kalt.

Er schickte seine Begleiter weg, weil er einen Spaziergang machen wolle, wie er sagte. Doch sobald er allein war, ging er zu dem Bettler zurück und lud ihn zum

Essen ein. In dem einfachen Lokal, das sie besuchten, erklärte ihm der Mann, er sei glücklich und zufrieden, weil er acht bis neun Stunden schlafe pro Nacht. Das betrübte den Milliardär, denn er litt unter Schlaflosigkeit. Daran konnten auch die stärksten Medikamente nichts ändern. In dem Gespräch mit dem Bettler begriff der arme Reiche, dass Geld nicht unbedingt glücklich macht.

Ein weiteres gutes Beispiel ist die Lebenseinstellung von Su Dongpo. Am Anfang seiner Karriere, als er noch Statthalter von Hangzhou war, verbrachte er viel Zeit am Westsee, meditierte auf Booten und tauschte mit seinem Freund, dem Chan-Meister Fo Yin, Kochrezepte aus. Das Leben war schön.

Später wurde er zurückgestuft und in den Süden zwangsversetzt. Das war damals eine abgelegene Einöde, in der sich Fuchs und Hase Gute Nacht sagten. Nicht einmal die Zutaten, die er zum Kochen brauchte, konnte Su Dongpo dort auftreiben. Trotzdem sagte er: »Bei 300 Lychees am Tag gibt es keinerlei Grund, nicht hierzubleiben, südlich der fünf Gebirgszüge in Lingnan!« Er empfand das Leben als angenehm, weil er täglich Lychees essen konnte.

Etwas später trat er aus dem kaiserlichen Dienst aus. Und obwohl er nun keinen Sold mehr erhielt, dachte er: »Zur Zeit des Festes der zweifachen Neun blühen die Chrysanthemen. Mitten im Herbst ist schönes Wetter, und der Mond leuchtet einfach herrlich.« Viel hatte er nun nicht mehr, und doch war er zufrieden und freute sich über das Frühlings- und das Herbstfest.

Su Dongpo gehörte zu den Menschen, die sich auch an Kleinigkeiten erfreuen können und schwierige Zeiten klaglos durchstehen. Der Schriftsteller Lin Yutang (1895–1976) bezeichnete ihn einmal als »unheilbaren Optimisten«. Dieser Optimismus ging bei Su Dongpo darauf zurück, dass er genügsam war und praktisch wunschlos glücklich.

Im Gegensatz dazu leben heute viele Menschen in geradezu unglaublichem materiellem Wohlstand und großem Luxus. Trotzdem sind sie nicht glücklich, sondern beklagen sich ständig. Solche Leute könnten im Paradies leben, es würde nichts ändern. Wirkliches Glück, meinen sie, setze exquisites Essen, modische Kleidung und ein beeindruckendes Haus voraus. Doch diese Art Glück hat keinen Bestand. Das langlebigste Glück ist ein zufriedenes, genügsames Herz.

Wohlstand ist wie die dahintreibenden Wolken am Herbsthimmel

Wer das Prinzip der Vergänglichkeit durchdrungen hat, legt auf Wohlstand keinen besonderen Wert mehr. Im Grunde sind die Reichen sogar das beste Beispiel für Vergänglichkeit. So hat sich etwa in China die Zahl der Milliardäre aufgrund der Wirtschaftskrise 2008/2009 dramatisch verringert.

Anderes Beispiel: Gong Ruxin (alias Nina Wang) galt einst als die reichste Frau Asiens. Zusammen mit ihrem Mann hatte sie ein Immobilienimperium aus dem Boden gestampft. Laut *Forbes* betrug ihr persönliches Vermögen 1997 sieben Milliarden Dollar und lag damit weit höher als das der Königin von England. Der Tod ihres Mannes verwickelte sie in neun Jahre währende Erbstreitigkeiten mit ihrem Schwiegervater. Letztlich ging Gong Ruxin siegreich daraus hervor, aber das half ihr wenig. Anderthalb Jahre später starb sie an Krebs.

Geschichten wie diese bestätigen Mipham Rinpoches Beobachtung: »Der menschliche Körper ist wie Wasserblasen, Wohlstand wie dahintreibende Wolken am Herbsthimmel.« Schade, dass nur wenige das verstehen und sich die meisten so an Luxus, Wohlstand und Status klammern.

Im *Song Wakening the World* schreibt auch Meister Han Shan:

Die Frühlingssonne sah gerade noch die
grünen Weiden;
der Herbstwind die gelben Chrysanthemen.
Ruhm und Luxus sind die Träume einer Nacht;
Wohlstand und Adel ein Septemberfrost.

Das Grün der Weiden im Frühling und das Gelb der Chrysanthemen im Herbst zeigen die Unterschiede zwischen den Jahreszeiten. Und so ist auch der Luxus nur ein schöner Traum, aus dem wir allzu schnell erwachen. Wohlstand und Status sind wie der frühe Frost im September, der im Nu wieder verschwunden ist. Überdenken Sie also die Unterweisungen der großen buddhistischen Meister und versuchen Sie, so gut es Ihnen möglich ist, Ihre Anhaftung an Äußerlichkeiten, insbesondere an Geld, zu lösen.

Wünsche werden nicht durch Geld erfüllt

Die Wurzel Ihres Glücks ist nicht der Wohlstand, sondern das Maß, in dem Sie Ihre Wünsche zurückschrauben. Wenn Sie kaum mehr Wünsche haben, werden Sie auch dann noch glücklich sein, wenn Sie nachts auf dem Boden schlafen müssen.

Wer vor Begierden brennt, ist selten glücklich. Wer in einem winzigen Apartment wohnt, wünscht sich erst eine Wohnung mit fünf Zimmern, dann eine Villa. Haben solche Leute ihre Villa schließlich, wollen sie im Frühling einfach nur das Fenster öffnen, um in Kyoto die Kirschblüte zu bewundern. Im Sommer dann möchten sie in ihrem Zuhause das kühle Lüftchen der Alpen genießen. Im Herbst sollte der Mond auf den Genfer See in ihrem Garten scheinen. Und kommt dann der Winter, wünschen sie sich nichts mehr, als mit einem Schritt vor die Tür den weichen Sandstrand Hawaiis erreichen zu können.

Der Sohn einer reichen chinesischen Familie erlitt bei einer Kung-Fu-Meisterschaft eine schwere Niederlage. Wieder zu Hause, ließ er seinen Ärger an einem der Diener aus und schlug ihn zehnmal ins Gesicht. Da er sein Verhalten danach bereute, gab er dem Diener zur Entschädigung zehn Goldmünzen. Was diesen so entzückte, dass der Schmerz in seinem Gesicht sofort nachließ und er den jungen Mann bat: »Bitte gebt mir noch mehr Schläge! Ich kann Hunderte davon aushalten ... solange ich nur für jeden eine Münze bekomme!« Das wiederum erboste den unterlegenen Kung-Fu-Kämpfer umso mehr, und er schlug den Diener windelweich, ohne ihm auch nur eine Münze zu geben.

Heute sind viele wie dieser Diener: für Geld bereit, alles mit sich machen zu lassen. Sie üben sich in »Langmut« und akzeptieren Demütigungen wie Vieh. Ganz so, als würden sie glauben, Geld sei allmächtig und könne ihnen jeden Wunsch erfüllen. Wie Shakespeare schrieb:

Was find ich hier?
Gold, kostbar, flimmernd, rotes Gold? …
So viel hievon macht Schwarz weiß, hässlich schön,
Schlecht gut, alt jung, feig tapfer, niedrig edel …
Ja, dieser rote Sklave löst und bindet
Geweihte Bande, segnet den Verfluchten;
Er macht den Aussatz lieblich, ehrt den Dieb
Und gibt ihm Rang, gebeugtes Knie und Einfluss
Im Rat der Senatoren …

In der heutigen Welt beten die Leute das Geld an, weil sie es für allmächtig halten. Sie glauben, es könne ihnen zu Glück verhelfen und zu allem, was sie sich wünschen. Dabei verstehen sie nicht, dass Glück im Grunde ein

Gemütszustand ist und gleichbedeutend mit genügsamer Zufriedenheit. Zufriedenheit aber kann man mit keinem Geld der Welt kaufen.

Konkurrenzdenken

Konkurrenzdenken macht ruhelos und versetzt die meisten Menschen in einen Zustand der Angst. Ein japanischer Schwimmer gewann einmal Gold bei Olympia. Silber und Bronze gingen an einen Amerikaner und einen Russen. Nach dem Kampf wurde der Sieger von einem Journalisten gefragt: »Auf den Bahnen rechts und links von Ihnen schwammen ein Amerikaner und ein Russe. War Ihnen bewusst, dass beide einen Weltrekord halten?«

»Das wusste ich nicht«, antwortete er.

»Haben Sie bemerkt, wie nah die zwei an Sie herangekommen sind und dass der russische Schwimmer Sie sogar kurz überholt hat?«, wollte der Journalist wissen.

Kopfschüttelnd sagte der Japaner: »Auch das war mir nicht klar. Ich wollte einfach nur schnell schwimmen und habe gar nicht darauf geachtet, wer vor oder hinter mir war. Ich glaube auch, dass das genügt: sein Bestes zu geben.«

Was uns das sagen soll? Dass wir Großes erreichen können, wenn wir uns, ohne nach den anderen zu schielen, auf die eigenen Leistungen konzentrieren. Agieren wir dagegen allzu wettbewerbsorientiert, ahmen wir unbewusst die anderen eher nach, als dass wir unser eigenes, ganz spezielles Können in den Fokus rücken. Wir erreichen unsere eigenen Erfolge am besten, indem wir konzentriert vorgehen, ohne uns mit anderen zu vergleichen oder immer nach den Kollegen zu sehen.

Vor Eifersucht brennen

Eifersucht ist weit verbreitet und sehr schädlich. Im *Compendium of Analogies Sutra* findet sich die folgende Geschichte über Eifersucht: Ein Brahmane hatte einst eine Ehefrau und eine Konkubine. Während seine Angetraute nicht schwanger wurde, schenkte ihm die Konkubine einen Sohn. Von unerträglicher Eifersucht getrieben, stach die Ehefrau dem Jungen eine Nadel in den Kopf, worauf er bald starb. Die Konkubine war untröstlich. Als sie herausfand, dass es die Frau war, die ihren Sohn getötet hatte, bekannte sie sich zu den acht Regeln und widmete sich dem Verdienst, Rache zu üben.

Sieben Tage später verstarb die Konkubine und erfuhr sieben oder acht Wiedergeburten als Kind der Ehefrau. Jedes Mal war sie ein hübsches, quicklebendiges und intelligentes kleines Mädchen, das aber schon sehr früh und völlig unerwartet starb. Worauf die Ehefrau jedes Mal wieder im Kummer versank und sogar noch mehr weinte als die Konkubine, als sie seinerzeit ihren Sohn verloren hatte. Ein Mönch, die Emanation eines Arhats, erklärte ihr später die Ursachen. Die Ehefrau begriff und bat den Mönch, sich auf die Einhaltung der

Regeln festlegen zu dürfen. Dies, antwortete er, könne am nächsten Tag im Kloster erfolgen. Kaum war sie am Eingangstor des Klosters eingetroffen, erschien vor ihr die Konkubine in Gestalt einer Giftschlange und versperrte ihr den Weg. Als der Mönch dies sah, schalt er sie, legte die Streitigkeiten zwischen den beiden bei und ließ sie ihr bisheriges Verhalten bereuen.

Eifersucht taugt ausschließlich als Stoff für Romane und Bühnenstücke. Berühmt ist Shakespeares Othello, der vor Eifersucht brannte, weil er seine Frau für untreu hielt, und schließlich erst sie und dann sich selbst tötete. Das mag bloß eine Geschichte sein, doch wer könnte sich allen Ernstes auf die Schulter klopfen und behaupten, nicht das Geringste mit Othello gemein zu haben?

Am besten, Sie vermeiden Eifersucht, so gut es geht. Sind andere glücklich, freuen Sie sich mit ihnen. Und wenn Sie das nicht hinkriegen, sinnen Sie wenigstens nicht auf Rache wie die Konkubine. Eifersucht schadet – letzten Endes aber vor allem Ihnen selbst.

Wohlstand und Moral

Als ich zur Schule ging, herrschte dort gar keine gute Atmosphäre. Die Schüler verglichen ständig, wer die schickeren Klamotten, die besseren Noten und sogar das abwechslungsreichere, teurere Essen hatte. Um mehr schien es in ihrem Leben nicht zu gehen.

In der Jin-Dynastie wetteiferten Wang Kai – der Onkel von Kaiser Wu – und Shi Cong, wer von beiden den größeren Luxus hatte. Als Shi Cong sah, dass Wang Kai das Geschirr mit Zuckerwasser wusch, nutzte er Kerzen zum Feuermachen. Als Wang Kai 20 Kilometer Straße mit lila Bändern einfasste, ließ Shi Cong 25 Kilometer mit Brokat abtrennen. Wang Kai verwendete Wandfarbe mit rotem Halloysit, Shi Cong nahm Szechuanpfeffer.

Insgeheim unterstützte Kaiser Wu den Wang Kai und schenkte ihm ein 60 Zentimeter langes Stück einer seltenen Koralle. Als Wang Kai vor Shi Cong damit angab, zerschlug dieser die Koralle und sagte lachend: »Mach dir keine Sorgen, ich ersetze sie dir.« Dann befahl er seinen Dienern, ihm sechs oder sieben Korallenstücke zu bringen, die jeweils eine Länge von 90 bis 120 Zentimeter haben sollten, also viel besser waren als Wang Kais Exemplar.

In China sind solche Wettbewerbe sehr aktuell, sogar in ländlichen Gegenden. An allen Feiertagen vergleichen die Leute, wer die beste Garderobe und den schönsten Schmuck hat. Noch ausgeprägter ist diese Wohlstandskonkurrenz in den Großstädten, wo sie mitunter geradezu groteske Züge annimmt.

Dabei sind doch vielmehr Moral und Wissen entscheidend für ein gutes Leben. Solange Sie davon reichlich besitzen, haben Sie alles, was Sie brauchen, egal wie gering Ihr materieller Besitz auch sein mag. Chan-Meister Hui Lin etwa trug 20 Jahre lang ein und dasselbe Paar Schuhe. Und Chan-Meister Tong Hui seine mit zahllosen Flicken versehene Robe von Januar bis Dezember. Was für ein Unterschied zu den Leuten von heute, die sich immer nach der neusten Mode kleiden und mehrmals am Tag umziehen müssen.

Es gibt einen Spruch, der besagt: »Der Übergang von der Armut zum Luxus fällt leicht, nur umgekehrt ist es schwer.« Und tatsächlich: Wer in ärmlichen Umständen gelebt hat, kann sich schnell an ein Leben im Wohlstand gewöhnen. War man dagegen nur Luxus gewohnt, ist die Umstellung auf das Notwendigste sehr schwer. Wird eine Familie plötzlich in die Armut gestürzt und muss ums pure Überleben kämpfen, werden davon alle, die dem Haushalt angehören, extrem geschwächt und manche wählen sogar den Freitod. Vor lauter Fixierung auf materielle Fülle haben sie ihre spirituelle Entwicklung vernachlässigt.

Was die Leute heute brauchen, ist die Innenschau. Denn würden sie genauso viel Wert auf Moral und

Bildung legen wie gegenwärtig auf Mode und Spaß, ginge es ihnen bei Weitem besser. Das Sinnvollste, was sie tun können, besteht darin, einen selbstlosen Beitrag zur Gesellschaft zu leisten, den fühlenden Wesen zu helfen, ohne eine Gegenleistung zu erwarten, und auf blindes Konkurrenzverhalten zu verzichten.

Wie das Scheitern gelingen kann

Wie die folgende Geschichte zeigt, kann Hochmut, wenn er nicht in Schach gehalten wird, ignorant und sogar schamlos machen. In Indien hatte ein König einst zwei Söhne. Da der Letztgeborene wusste, dass er wohl seinem Vater nicht auf dem Thron würde nachfolgen können, beschloss er, sein Leben der Meditation zu widmen, was ihm der König auch gestattete. Also begab sich der jüngere der beiden Söhne in einen unbewohnten Wald und praktizierte zielstrebig.

Kurz darauf verstarb erst der König und danach sein ältester Sohn. Und da ein Königreich einen König braucht, um regiert zu werden, forderten die Minister nach längeren Diskussionen den jüngeren Prinzen zur Rückkehr in den Palast auf. Dieser lehnte zunächst ab, überlegte es sich aber anders, nachdem er weitere Male inständig gebeten worden war, und bestieg den Thron.

Allerdings stieg ihm die neugewonnene Macht bald so zu Kopf, dass er anmaßend und oberflächlich wurde. Zur Befriedigung seiner Lust erließ er ein Dekret, dem zufolge alle unverheirateten jungen Frauen dem König ihre Jungfräulichkeit opfern mussten. Die Minister waren entsetzt, konnten sich allerdings nicht gegen den

Herrscher durchsetzen, der jeden hinrichten ließ, der es wagte, ihm zu widersprechen. An diesen Verhältnissen änderte sich lange nichts.

Bis eines Tages eine Frau nackt vor eine Horde Männer trat und im Stehen das Wasser abschlug. Schamlos sei sie, wurde ihr entgegengerufen, aber sie sagte nur: »Wir Frauen sind doch hier ganz unter uns, warum also sprecht ihr von Schamlosigkeit? Und so, wie ihr alle im Stehen pinkelt, muss ich das doch auch dürfen, oder etwa nicht?«

»Aber wir sind doch Männer!«, protestierten sie.

»Nein, seid ihr nicht!«, widersprach die Frau. »Der einzige Mann im ganzen Reich ist der König. Denn wie sonst könntet ihr zulassen, dass eure Frauen, Schwestern und Töchter dermaßen gekränkt und beleidigt werden? Das Verhalten des Königs ist doch viel schamloser als meines. Warum lasst ihr es ihm durchgehen, mir aber nicht?«

Sie wiegelte die Untertanen, die mit ihrer Geduld sowieso schon am Ende waren, dermaßen auf, dass sie den Palast stürmten und den wollüstigen Tyrannen vom Thron stürzten.

Wenn wir selbstherrlich sind und uns für überlegen halten, ist es so, als trügen wir einen Regenmantel, der keinen Tropfen Wasser an uns herankommen lässt. Sobald Sie hochmütig werden, können Sie keine Verdienste mehr erwerben und die, die Sie bereits haben, werden nicht verstärkt. Wie heißt es in den alten tibetischen Sprichwörtern doch: »Das Wasser der Verdienste kann auf dem Hügel des Hochmuts nicht verharren.«

Und: »Aus der Eisenkugel der Arroganz können die zarten Triebe der Verdienste nicht sprießen.«

Weise benötigen keinen Hochmut, und die Törichten demütigen sich durch Arroganz nur selbst. Mipham Rinpoche sagte:

Was braucht ein großer Mann den Hochmut?
Ohne Stolz wird er noch größer.
Und was bringt Hochmut dem Untergebenen?
Der Stolz macht seine Lage nur noch unerfreulicher.

Wir sollten uns von jeglichem Hochmut befreien und bereit sein, den fühlenden Wesen zu dienen.

Die Zeit eines anderen zu verschwenden kommt einem Raub gleich

Leute, die die Zeit nicht zu schätzen wissen, quasseln gern auf andere ein. Wer jedoch ein echtes Verständnis für die Vergänglichkeit des Lebens und die Kostbarkeit der menschlichen Existenz entwickelt hat, würde lieber Geld ausgeben, als auch nur einen Moment seiner Zeit zu verschwenden.

Nicht von ungefähr heißt es ja auch: »Pfeilschnell fliegt die Zeit dahin und kommt nie wieder zurück.« Die Jahrzehnte zwischen dem Erlangen eines menschlichen Körpers – mit all den damit verbundenen Freiheiten und Vorteilen – und dem Tod rasen nur so dahin. »Ein Fuß Jade ist gar nicht so kostbar, das kürzeste Momentchen dagegen lässt sich nur mit Gold aufwiegen«, heißt es in einem chinesischen Sprichwort. Und für praktizierende Buddhisten ist die Zeit sogar noch wesentlicher als für andere.

Bevor er Buddha Shakyamuni wurde, führte der Buddha einmal ein Leben eines in der Einsamkeit praktizierenden Brahmanen. Beeindruckt wollte ihm Gott Indra eine übernatürliche Kraft verleihen. Der Brahmane jedoch antwortete: »Ich habe keine Wünsche. Möchtet Ihr mir unbedingt etwas schenken, so erfreut mich damit, dass Ihr mir die Ablenkung eines weiteren Besuches von Euch erspart.« Denn das Beste, was man einem wahrhaft Praktizierenden erweisen kann, ist, ihn in Ruhe zu lassen.

Die größte Angst habe er immer vor Anrufen und Besuchen, gestand mir ein Laien-Praktizierender einmal, weil das echte Zeitverschwendung sei. Und auch einer meiner Lehrerkollegen sagte einmal: »Mir graust davor, dass die Leute unter dem Vorwand, mich in einer ernsten Angelegenheit um Rat fragen zu wollen, vorbeikommen könnten und dann endlos reden. Deshalb ziehe ich es vor, sie zu besuchen, und nehme dabei auch lange Wege auf mich, doch das hat den Vorteil, dass ich gehen kann, wann ich es für richtig halte.«

Lama Nagongpa sagte einmal: »Statt über eine Theorie zu sprechen, die sich irgendwie plausibel anhört, sollten die Leute lieber die Lebensgeschichten der Buddhas und Bodhisattvas lesen und erfahren, wie sie dem Pfad von Anfang bis Ende gefolgt sind. Nur so werden sie nicht an der Nase herumgeführt!«

In seinen *Talks on Literature* schrieb der Gelehrte Lu Xun: »Zeit ist Leben. Die Zeit eines anderen grundlos zu vergeuden ist wie ein Raub.« Deshalb: Wenn Sie schon selbst nicht praktizieren können, dann rauben Sie wenigstens denjenigen, die es tun, den Wohlstand ihres Lebens nicht!

Die Dharma-Praxis braucht keine Superkräfte

Manche Praktizierende fixieren sich irgendwann darauf, bestimmte außergewöhnliche Fähigkeiten zu erwerben, wie zum Beispiel Hellsichtigkeit und Gottheitsvisionen. Lautstark tauschen sie sich über »das göttliche Auge« aus oder »Avalokiteshvara gesehen« zu haben. Manche studieren den Dharma sogar nur dieser Dinge wegen und begreifen nicht, dadurch nie zur Befreiung, unter Umständen allerdings auf den Weg der Dämonen zu gelangen.

Mit vier Yogis des Klosters Radreng begab sich Geshe Drom Tönpa in Klausur. Als eines Tages die Sonne hoch am Himmel stand und es Zeit fürs Mittagessen war, stellte sich heraus, dass sie keine Lebensmittel mehr hatten. Hungrig erörterten die fünf, was sie tun könnten. »Ich werde das essen, was gerade den Berg heraufgetragen wird«, sagte Gönpawa.

Und tatsächlich traf kurz darauf ein Wohltäter mit herrlichen Speisen ein, sodass einem Festessen nichts mehr im Wege stand. Geshe Drom Tönpa, der seine eigenen Kräfte stets verheimlichte, fand an Gönpawas

Zurschaustellung seiner übernatürlichen Fähigkeiten keinen Gefallen und befahl ihm: »Gib sofort deinen falschen Stolz auf!« Denn die großen Meditierenden zeigen ihre übernatürlichen Fähigkeiten nur im größten Notfall und leiten die fühlenden Wesen nur dadurch, dass sie ihnen den Dharma nahebringen.

Heutzutage quatschen manche Praktizierende den lieben langen Tag über nur Unsinn, prahlen mit ihren Träumen, spirituellen Erfahrungen und telepathischen Talenten. Was aber letztlich alles vollkommen uninteressant ist. Die größte Superkraft besteht nämlich darin, mithilfe der Praxis selbstloser und mitfühlender zu werden.

Den Selbstlosen gehört das Glück

Welchen Sinn hat eigentlich das Erreichen der Buddhaschaft? Viele reden gern darüber und sehnen sich auch danach, allerdings ohne klare Motivation. Wie Patrul Rinpoche einst sagte, muss ein Buddha ausschließlich den fühlenden Wesen nutzen. Um das eigene Glück geht es dabei also nicht. Man studiert den Dharma, um ein Buddha zu werden, und wird zum Buddha, um der Allgemeinheit zu dienen.

In Atishas *Questions and Answers for the Disciples* heißt es: »Wichtiger als irgendetwas sonst ist es, anderen zu helfen. Alles Übrige ist unbedeutend, anderen helfen ist unübertroffen. Dies bereitet auch den Buddhas große Freude.« Auch im *Blumengirlanden Sutra* findet sich der Satz: »Alle Buddhas freuen sich, wenn du die fühlenden Wesen erfreust.«

In Tibet lebte einst ein berühmter Praktizierender namens Ra Lotsawa. Als er eine lange, einsame Klausur in meditativer Konzentration plante, erschien ihm eine Gottheit und sagte: »Selbst, wenn du Hunderte und Tausende von Äonen lang im Frieden der Konzentration des Erlöschens sitzen würdest, wären deine Verdienste längst nicht so groß, wie wenn du für ein einziges fühlendes Wesen die Saat der Befreiung ausbringen würdest.« Von da an wanderte Ra Lotsawa umher und befreite die fühlenden Wesen.

Anderen zu helfen ist die wichtigste Praxis. Auch wenn du den fühlenden Wesen nicht durch Taten helfen kannst, lehrt Shantideva, dass allein der Wunsch, ihnen nutzen zu wollen, wichtiger ist, als allen Buddhas Opfer zu bringen. Auch im *Supreme Moon Lady Sutra* heißt es: »Wenn bereits der Gedanke, anderen zu helfen, unendliche Vorteile bringt, welche Notwendigkeit besteht dann, die Vorteile des Handelns zu erwähnen?«

Doch manche sind so kurzsichtig, dass sie den Wunsch, anderen nützlich zu sein, vollkommen aufgeben und sich stattdessen auf ihre eigenen kurzfristigen Interessen ausrichten. Genau wie das Kind aus einem Sutra, das einen wunscherfüllenden Edelstein für Süßigkeiten weggab. Wie dumm!

Tatsächlich aber verhalten sich heute viele Menschen ganz ähnlich. Da ihnen der Wert der Selbstlosigkeit nicht bewusst ist, tauschen sie das Allerkostbarste gegen etwas völlig Banales ein. Im *Weg des Bodhisattvas* heißt es: »Jedwede Freude auf dieser Welt rührt daher, dass wir anderen Glück wünschen. Und jedwedes Leiden beruht darauf, dass wir das Glück für uns selbst wollen.« Wenn Sie also Glück gewinnen und Leiden nur für sich selbst vermeiden wollen, tun Sie es zumindest mit einem selbstlosen Geist!

Es waren einmal zwei sehr gütige Eheleute, die, nachdem sie beide ihren Job verloren hatten, ein kleines Lokal eröffneten. Und einfach aufgrund ihres sympathischen Wesens konnten sie gleich zu Anfang viele Stammkunden für sich gewinnen. Den Armen, die ebenfalls täglich kamen und um etwas zu essen baten, gaben die beiden statt Speiseresten stets frische Lebensmittel. Und aus der Güte ihres Herzens taten sie auch sonst noch viel Tugendhaftes.

Eines Nachts brach in der Gegend des Restaurants ein Feuer aus. Die Bettler riskierten ihr Leben, um das Mobiliar rechtzeitig aus dem Lokal herauszuschaffen. Als die Feuerwehr schließlich eintraf, hatten die Flammen nur das Restaurant unberührt gelassen, während die Läden und Geschäfte drum herum völlig zerstört waren.

Das zeigt die Wichtigkeit von Selbstlosigkeit und Gutherzigkeit. Lassen Sie es daran nicht fehlen, egal, woran es Ihnen sonst auch mangeln mag. Andernfalls stellt sich das Glück womöglich nie ein, während das Unglück schon mit den Hufen scharrt!

Wer auf Gegenleistungen verzichtet, wird reich beschenkt

Wann immer der Buddha, als er noch Bodhisattva war, von Indra gefragt wurde, warum er seinen Körper, sein Eigentum, die Königswürde, seine Frau und die Kinder aufgeben wolle, lautete seine Antwort stets: »Nur weil ich will, dass die fühlenden Wesen glücklich werden, aus keinem anderen Grund.«

Was der Buddha konnte, vermögen wir nicht, doch können wir immerhin unser Bestes geben, um den fühlenden Wesen bedingungslos von Nutzen zu sein – ohne irgendeine Gegenleistung zu erwarten. Und siehe da: Obwohl Sie mit absolut nichts rechnen, können sich trotzdem unerwartete Annehmlichkeiten einstellen.

Ich habe einmal von einem jungen College-Studenten gehört, der sich sein Studium als Hausierer verdiente. Als er eines Mittags sehr hungrig war, beschloss er, einen Kunden an der Haustür um etwas zu essen zu bitten. Ein junges Mädchen öffnete. Jetzt schämte sich der Student ein bisschen, doch er nahm seinen ganzen Mut zusammen und sagte: »Ich habe großen Hunger. Ob du wohl bitte etwas zu essen für mich hättest?« Das Mädchen gab ihm eine Tasse Wasser und etwas Brot.

Nachdem er beides verschlungen hatte, fragte der Student, wie viel er denn schuldig sei. Und das Mädchen antwortete, sie hätten so viel Essen, dass er nichts zahlen müsse.

Viele Jahre später war aus dem Mädchen eine verheiratete Frau geworden, die sich eines Tages eine seltene Krankheit zuzog. Eine teure Operation, von der sie sich Heilung erhofft hatte, schlug fehl. Da empfahl ihr jemand einen bestimmten Arzt. Dieser überwies sie in das Krankenhaus, in dem er arbeitete, und weil die Behandlung gut anschlug, blieb sie längere Zeit dort. Nach ihrer Entlassung bekam sie die Rechnung zugestellt. Weil sie bereits so viel Geld ausgegeben hatte, dass ihr kaum mehr Reserven geblieben waren, traute sie sich lange nicht, den Umschlag zu öffnen. Schließlich fasste sie sich ein Herz, riss ihn auf und warf einen Blick auf das Schreiben. Doch da stand nur: »Mit einer Tasse abgekochtem Wasser und etwas Brot wurden alle Kosten der medizinischen Behandlung beglichen.« Der Arzt war kein anderer als der College-Student, dem sie vor langer Zeit einmal geholfen hatte.

Menzius sagte: »Wer andere liebt, wird auch immer geliebt werden; und wer andere respektiert, wird auch immer respektiert werden.« Das Leben ist wie das Echo in einem Tal – was du aussendest, kehrt zu dir zurück. Weil es ein Naturgesetz ist, ist Karma unbestechlich. Solange man sich anstrengt, darf man früher oder später die Ergebnisse ernten.

Großzügigkeit macht reich

Viele Menschen verstehen das Karma nicht. Die wahre Ursache von Wohlstand ist das Geben, doch um reich zu werden, raffen sie blind alles an sich. Die Ursache für ein langes Leben besteht darin, das Leben anderer zu erhalten, doch um länger zu leben, töten sie. Auf diese Weise erreichen sie am Ende genau das Gegenteil von dem, was sie ersehnen. Sie wollen nicht leiden, aber eine schmerzliche Erfahrung reiht sich an die andere. Sie streben nach Glück, aber sie vernichten es wie einen Feind.

In Indien lebte einmal ein sehr reicher Mann namens Punyadana, was in etwa »der Wert des Gebens« bedeutet. Passend zu seinem Namen hatte er ein freundliches, mitfühlendes Wesen und hätte für einen guten Zweck jederzeit sein letztes Hemd verschenkt. Später nannte man ihn »den Alten, der für die Einsamen spendet«. Er hatte nämlich siebenmal sein gesamtes Privatvermögen weggegeben und Alleinstehenden gespendet. Für ein Grundstück, das er kaufte, um einen Tempel darauf zu errichten, zahlte er so viel Gold, dass man damit das gesamte Gelände hätte pflastern können. Doch je mehr er weggab, desto erfolgreicher war er, bis er schließlich zu den wohlhabendsten Menschen seiner Zeit gehörte.

Im alten China lebte in der Zeit der späten Frühlings- und Herbstannalen Fan Yi. Nachdem er König Yue beim Wiederaufbau des Landes geholfen hatte, entledigte er sich aller offiziellen Amtspflichten und begab sich per Schiff auf den See Tai Hu, um dort Geschäfte zu treiben. Innerhalb weniger Jahre brachte er es zu einem beträchtlichen Vermögen. Doch statt selbst davon zu profitieren, gab er alles ab, um arme Menschen zu unterstützen. Und trotzdem gelang es ihm bald wieder, erneut ein Vermögen zu machen. Nach seinem Tod wurde er als Wohlstandsgott Tao Zhu Gong angebetet und wird sogar heute noch verehrt.

Zu den wohlhabendsten Menschen der heutigen Zeit gehört Bill Gates, der Gründer von Microsoft. Er ist zugleich ein überaus bedeutender Philanthrop. Alljährlich spendet er mehrere Milliarden Dollar für wohltätige Zwecke. Die reichste Person in Asien ist momentan Li Ka Shing, auch er ein überzeugter Wohltäter, der stets große Summen für Bedürftige, Bildung und so weiter ausgibt. Bis jetzt hat er bereits ein Drittel seines Privatvermögens für wohltätige Zwecke ausgegeben.

Denn was der Buddha sagt, ist die pure Wahrheit: »Die Ursache von Wohlstand ist keine andere als praktizierte Großzügigkeit.« Nur dadurch, dass man gibt, kann man auch gewinnen. Wenn Sie nie etwas geben, werden Sie es auch nie zu etwas bringen.

Nicht Geld zählt, sondern das Herz

Bei Worten wie Wohltätigkeit oder Charity denken die meisten, es ginge um Geld. Und da viele glauben, es handele sich dabei bloß um ein Hobby der Reichen, das mit ihnen nichts zu tun habe, interessieren sie sich auch nicht dafür.

Aber es sieht ganz so aus, als würden sich auch die Reichen längst nicht mehr so sehr für wohltätige Zwecke engagieren. Aus den Statistiken der China Charity Federation geht hervor, dass die Reichsten im Land zwar 80 Prozent des Nationalvermögens besitzen, jedoch weniger als 15 Prozent davon für Wohlfahrtseinrichtungen spenden. In scharfem Gegensatz dazu steht der Umstand, dass China zu den Ländern mit dem höchsten Luxusgüterkonsum der Welt gehört.

Doch wohltätig kann jeder sein, der ein gütiges Herz hat. Denn wohltätig ist es auch, wenn man jemandem aufrichtig Glück wünscht. Im *Nirvana Sutra* sagt der Buddha: »Wenn ihr einem fühlenden Wesen nicht mit Hass begegnet, sondern ihm Glück wünscht, nennt man das Wohltätigkeit.«

Schade, dass vielen das heute gar nicht mehr bewusst ist. Zwar spenden sie Geld, doch vernachlässigen sie es, den Menschen mit Güte zu begegnen. Aber für Menschen, die in Angst leben oder depressiv sind, können Liebe und Geborgenheit genau die Wohltätigkeit sein, die sie am meisten brauchen.

Doch sollte es Ihnen wirklich allzu schwerfallen, anderen emotional oder seelisch zu helfen, kann auch schon eine kleine finanzielle Zuwendung einiges bewirken. Würden zum Beispiel die Menschen in unseren Städten regelmäßig die Kosten für ein teures Abendessen oder für Markenbekleidung spenden, ließe sich damit der Schulbesuch eines Kindes in einem ärmeren Teil unserer Welt finanzieren, was seinem Leben eine ganz neue Richtung geben könnte.

Schenken wir anderen Hoffnung! Mit dieser Form der Wohltätigkeit können wir jetzt sofort beginnen, Sie und ich. Die Reichen können erhebliche materielle Unterstützung leisten. Aber auch die »Normalos« sind in der Lage, das Leben ihrer Mitmenschen positiv zu beeinflussen. Und zwar schon durch ein von Herzen kommendes Lächeln oder ein nettes Wort.

Nachwort

Fühlen Sie sich jetzt, nachdem Sie das Buch gelesen haben, anders als vorher? Nach beinahe drei Jahrzehnten des Studierens und eifrigen Übens ist es bei mir so, dass ich den Dharma als immer umfassender und breiter gefächert empfinde, je besser ich ihn verstehe. Und wann immer ich eine buddhistische Schrift durchblättere, kann ich mich auf eine überraschende Belohnung einstellen.

Zurzeit bin ich tief berührt von der Weisheit des Buddhas über die Leere aller Phänomene und sein Mitgefühl mit allen fühlenden Wesen. Dies alles möchte ich gern mit Ihnen teilen. Und genau deshalb habe ich das Buch geschrieben, das Sie jetzt in den Händen halten.

Sein Inhalt entspricht natürlich höchstens einem Tropfen aus dem weiten Ozean der buddhistischen Lehren. Ich habe meine Gefühle mit ein paar Schlucken aus diesem riesigen Ozean zum Ausdruck gebracht, verbunden mit der Hoffnung, Ihnen einen kleinen Vorgeschmack auf dessen Süße geben zu können.

Sollte dieses Buch Weisheit, Tugendhaftigkeit und einen reinen Geist in Ihnen geweckt haben, so verfügen

Sie auf Ihrer Segeltour durch die Höhen und Tiefen des Lebens ab sofort über ein Ruder. Und Sie dürfen darauf vertrauen, dass »die Reise durch künftige Leben zwar schwierig sein und durch viele Wellenberge und -täler führen wird«, Sie jedoch »trotzdem eines Tages das andere Ufer erreichen werden«.

Über den Autor

Khenpo Sodargye, geboren 1962 in Tibet, ist ein tibetischer Lama und buddhistischer Gelehrter. Seine Kindheit verbrachte er als Yak-Hirte in den Bergen Tibets. Nach dem Schulbesuch trat er in das *Buddhistische Lehrinstitut Larung der Fünf klassischen Wissenschaften* ein und wurde unter dem großen Jigme Phuntshog Rinpoche zum Mönch ordiniert. Heute gehört er zu den bedeutendsten Wissenschaftlern des Instituts und gilt als einer der bekanntesten buddhistischen Lehrmeister unserer Zeit. Khenpo Sodargye hält weltweit Vorträge, in denen er zeigt, wie die Lehre des Buddha mit der globalisierten Welt vereinbart und in den modernen Alltag integriert werden kann.

www.khenposodargye.org

